国際的な人の移動の経済学
ECONOMICS OF MIGRATION

佐伯康考
Yasutaka, Saeki

明石書店

目 次

序 章 7
　本書の構成　10

第Ⅰ部　国際的な人の移動の経済学的分析 15

第1章　経済統合と地域労働需給ミスマッチ
　　　　――統計データと理論的アプローチを中心に―― 16
　1．はじめに　16
　2．国際貿易と国際的な人の移動についての理論的考察　26
　3．工程間分業が地域労働市場に及ぼす影響についての理論的考察　31
　4．おわりに　37

第Ⅱ部　新興国の台頭と東アジア域内における国際的な人の移動 43

第2章　日本から新興国への高度人材移動に関する経済学的研究 44
　1．問題の所在　44
　2．先行研究　45
　3．外国高度人材の純流出と留学生の在留資格変更による補填
　　　――アジア各国経済動向――　46
　4．日本から新興国への高度人材移動に関する理論的考察　54
　5．計量モデル　56
　6．計量分析の結果　57
　7．結論と今後の展望　59

第3章　ASEAN 経済統合下における日系企業の人材現地化及び
　　　　人材移動に関する経済学的考察 ·· 66

1. 問題の所在　66
2. 先行研究　69
3. 日系企業の海外進出と海外現地雇用の動向　70
4. 人材面の現地化に関する経済理論的考察　74
5. 派遣者数の対現地従業員数比率の決定要因
　　──マクロ経済データを用いた分析──　76
6. ASEAN 人材の確保に関する理論的考察　79
7. ASEAN 地域の大卒人材の雇用に関する選好を規定する要因の計量分析　82
8. 結論と提言　85

第Ⅲ部　国内労働市場における外国人労働者の役割と社会統合の課題 ····· 89

第4章　地域労働市場の需給ミスマッチとアグロメレーションに関する
　　　　経済学的研究 ·· 90

1. 問題の所在　90
2. 日本と世界における国内人口移動の概況　91
3. 先行研究　95
4. Layard & Nickell モデルの援用による
　　地域労働市場の賃金規定要因の理論的分析　99
5. 地域労働市場の賃金に関する実証的分析　100
6. 結論と提言　107

第5章　地域労働市場の需給ミスマッチと外国人労働者の動向
　　　──日系人、新日系人及び技能実習生をめぐって── 110

1. 問題の所在　110
2. 先行研究　111
3. 外国人労働者を取り巻く環境の変化　113
4. 低技能職種労働市場のミスマッチに関する理論的考察　127
5. 外国人雇用の規定要因に関する計量分析　129
6. 結論と提言　132

第6章　定住外国人の子どもの高校進学についての経済学的研究 134

1. はじめに　134
2. 外国にルーツをもつ子どもの教育問題の背景　135
3. 先行研究　140
4. 分析の枠組みと仮説　141
5. 実証分析　142
6. 結　論　151

第Ⅳ部　制度・政策提言 157

第7章　国際的な人の移動の潜在力
　　　──多文化共創社会への視座── 158

1. 本研究のファインディング　158
2. 本研究のファインディングをふまえた提言　160

謝　辞	166
主要参考文献	170
索　引	177

序　章

　日本の外国人政策は歴史的な転換期を迎えている。2018年6月15日に閣議決定された「経済財政運営の基本方針2018〜少子高齢化の克服による持続的な成長経路の実現〜」(骨太の方針)において、外国人労働者の受け入れは、「従来の専門的・技術的分野における外国人材に限定せず、一定の専門性・技能を有し即戦力となる外国人材を幅広く受け入れていく仕組みを構築する必要がある」という拡大方針が打ち出された[1]。これまで日本政府は外国人労働者については「高度な技能を有するもの」に限定してきたが、人手不足が深刻化する中で、高い技能を有していない外国人労働者も受け入れる方向へと大きく舵を切ったのである。政府の試算では新設される在留資格「特定技能1号」「特定技能2号」で2019年度からの5年間で最大34万5150人を受け入れる方針である。2019年4月には出入国在留管理庁が新設されるなど、平成から新たな元号へと移行する年に、日本社会と国際的な人の移動の関係は、文字通り新たな時代を迎えようとしている。

　しかし、こうした外国人労働者受け入れ拡大方針について日本政府は「移民政策とは異なるもの」という立場を維持し続けている。こうした日本政府の姿勢に対して、多数の外国人が在住している地方自治体からは、労働力不足解消のための短期的な対応ではなく、中長期的な政策ビジョンを構想する必要性が以前から訴えられてきた。日本国内に在住する在留外国人の人数は2017年に256万人と過去最多の人数を更新しており、日本への永住希望者も増えている。日本語の指導を必要とする児童の人数も2016年度には4万3957人と過去最多となっており、日本語教育推進基本法の立法化についての議論が進むなど、日本社会全体として、国際的な人の移動と正面から向き合うべき時を迎えてい

る。

　本書のテーマは、外国人労働者をはじめとする在留外国人が増加することの是非ではなく、彼らとの「共創」を通じ、ともに新しい価値を創出するための方策の検討である。2016 年の英国の欧州連合（EU）離脱の是非を問う国民投票における離脱支持派の勝利と、アメリカ・ファーストを掲げるドナルド・トランプ氏の米国大統領選の勝利に始まり、各国で自国優先を掲げる政党の支持拡大が続き、社会の分断が世界的に深刻化している。しかし、自己や自国の利益を競って主張した先にどのような社会を実現したいのか、その未来図はいまだ十分に描かれているとは言い難い。

　そうした世界情勢をふまえ、筆者が 2016 年 4 月から勤務している大阪大学では、国際公共政策研究科稲盛財団寄附講座において、異質なものが混ざることによって発生する摩擦や軋轢を「対立」にするのではなく、それを「原動力」として、新しい社会イノベーションを生み出すことを目指して活動を重ねてきた。2018 年 1 月 1 日には、社会と「共に価値を創造する」ことを理念とした共創機構を設立し、複雑化する現代社会の社会課題解決のためには、大学だけの視点ではなく、企業、自治体、地域社会、市民団体などとの「共創」により、従来にはなかったイノベーティブな発想による価値創造に取り組んでいる。

　世界的に見ても持続可能な開発目標（Sustainable Development Goals: SDGs）が 2030 年までの国際目標として採択されており、「地球の限界」という制約条件の中で、持続可能な成長を遂げるためのイノベーティブな発想が必要とされている。そのため、17 項目ある SDGs の目標の 17 番目は Partnership となっており、国々も、企業同士も、地域の人々も力を合わせて持続可能な開発を実現するための手段を活性化することが求められている。まさにいま、世界は「共創」を必要としているのである。

　ドナルド・トランプ米国大統領の誕生以来、自由貿易と保護主義の対立が深刻化しているが、これまでの自由貿易協定などの経済統合をめぐる通商交渉では、貿易・直接投資の自由化が主な論点となってきた。これに対し、人の移

動の自由化は、先進国と途上国の間の利害対立を背景として、世界貿易機関(WTO)設立協定においては、サービス貿易に必要な人の移動に限って、交渉の対象とされただけである。しかし、このことは、経済統合にあたって、人の移動が重要な役割を果たさないことを意味していない。

近年、欧米諸国のみならず新興国でも、様々なスキル・レベルや職種において、労働需給ミスマッチが深刻化している。各国は持続的な経済発展を実現するためにも、国内外の労働市場を整備して、これを緩和することが重要課題となっている。また、国際労働移動を通じて、人々の労働条件や生活水準を改善する可能性が開かれると、これが、人々の人的資本への投資を促し、さらに移動した人材を通じ、両国間で新たな貿易や投資が創出される。世界各地で移民排斥を掲げる極右政党への支持が高まりを見せているが、移民とはスキル、言語能力、家族構成など非常に多様な人々の総称であり、彼らを一括りにしてしまうことは決して適切とはいえない。異なるものを排斥したいという衝動に振り回されることなく、科学的根拠に基づいた適切な社会政策[2]を実現できれば、国際的な人の移動は、国境を越えた広域の経済発展を促進し、貧困の撲滅や社会的進歩を可能にする潜在力を有している。小泉・川村 (2016) は、多文化共生からより広いネットワークをもつ能動的な実践力を発揮する「多文化共創」を実践し、より内発的な移民政策を実現することが必要であると主張している。世代を超え、域内の人々が経済統合の恩恵を享受できるようにするためにも、異なるものを排除するのではなく、国際的な人の移動が有する潜在力を引き出し、持続可能なかたちで社会を発展させるための知恵が必要とされている。

以上のような現状認識をふまえ、本書では以下の4点を主要課題とする。(1) 域内工程間分業の深化といった国際経済の変化が地域労働市場に与える影響について明らかにするため、国際経済学のアプローチと労働経済学のアプローチを組み合わせ、国際的な人の移動と国内における人の移動を同時に捉えた地域労働市場の分析を行うこと、(2) 新興国経済の台頭に伴い、従来の途上国から先進国へという国際的な人の移動だけでなく、先進国から途上国へという新たな移動が発生していることに着目し、その複雑なメカニズムを理論的及

び実証的に解明すること、(3) 国際的な人の移動が、労働目的の移動のみならず家族移民、帰還移民、留学生などを多く含んでいることをふまえ、雇用、教育、医療などの総合的な社会統合政策を講じ、地域社会の多文化の共存などの課題解決の方向性を示すこと、(4) 経済統合下で活発化する域内の国際的な人の移動の規定要因を分析するだけでなく、アジアの経済統合を実質化するための国際的な人の移動の役割と、その潜在力を発揮するための施策を講じること。

本書の構成

次に、本書の構成について述べる。第Ⅰ部（第1章）では、国際経済学と労働経済学のアプローチを連関させ、従来の研究では行われてこなかった国際的な人の移動と国内における人の移動を同時に捉えた地域労働市場の分析を行う。労働経済学では、理論的な根拠に基づいて、外国人労働者の労働市場への流入が、国内労働者の賃金・雇用に与える負の影響が指摘されることが多いが、その実証的根拠は十分とは言い難い。そこで、経済統合の理論的背景をふまえ、国内労働者と外国人労働者の補完性と代替性を考慮し、経済統合下における国際的な人の移動が、異なる性格を有する地域労働市場に与える影響について理論的分析を行う。

第Ⅱ部第2章では、アジア太平洋地域の経済統合が、域内における国際的な人の移動に及ぼす影響を明らかにする。このため、今世紀における新興国経済の世界経済への影響力拡大を背景とした、国際的な人の移動のメカニズムの転換を理論的及び実証的に解明する。

第3章は、東南アジア諸国連合（ASEAN）地域の経済統合の進展を背景として、日系企業がASEAN諸国の経済・社会に受け入れられ持続的な発展を実現していく視点から、長年の懸案とされてきた日系企業の人材現地化について新たな方策を提言することを目的とする。そこで、現地に進出した日系企業における人材移動の現地化のプロセスとこれに影響を及ぼす要因を理論的及び実

証的に検討するとともに、ASEAN地域の大卒人材の雇用選好に関する理論的及び実証的分析を行う。

　第Ⅲ部では、日本においては、外国人受け入れ政策が、外国人労働者の新規受け入れ拡大の議論に偏り、すでに日本国内に居住している約256万人（2017年末）の在留外国人に対する政策が十分でないことや、これに占める永住者の割合が高まっていることをふまえた長期的な視野での外国人受け入れ政策が構想されていないことを問題意識としている。

　そこで、国際的な人の移動が増加する中で、受け入れの主体となる地域社会に目を向け、経済統合と経済統合に伴う国際的な人の移動が、地域労働市場や地域社会にもたらす影響について理論的及び実証的に分析を行い、今後に必要な構想について提言を行う。

　具体的には、第4章において地域労働市場の需給ミスマッチとアグロメレーションに関する分析を、労働市場の不均衡モデルを用いて行い、地域労働市場から都市部労働市場への人口流出が発生する中で、外国人労働者の地域労働市場への流入が地域労働市場の雇用・賃金に及ぼす影響について理論的及び実証的に検証を行う。

　そして第5章では、世界経済危機からの回復期においてブラジル人を中心とする日系人労働者の減少が続く中で、日本人の父母または祖父母をもつフィリピン人とその配偶者（新日系人）労働者と技能実習生の増加傾向が続いていることに着目し、技能実習生、日系人労働者、新日系人の相互関係を実証的に分析する。特に、地位・身分に基づく在留資格によって就労する日系人、新日系人らの定住外国人と、ローテーション方式で受け入れている技能実習生の違いをふまえ、相互関係（補完性と代替性）に関し、農業・建設業など多様な業種を含む技能実習生、製造業従事者の多い日系人、そしてサービス業従事者の多い新日系人などの産業特性の違いを考慮して、理論的・実証的分析を行う。

　第6章では、定住外国人の子どもの高校進学の規定要因を理論的及び実証的に検証し、社会統合政策について考察を行う。これまで米国を中心に行われてきた外国人子弟の世代効果に関する研究は、正の世代効果を報告するものが中

心であった。しかし、正の世代効果を報告する海外の先行研究に反し、日本では外国人の第2世代に負の世代効果が発生している可能性がある。日本に在留する外国人の構成（年齢・国籍）の多様化が進んでいることもふまえ、日本在住の外国人の子どもの高校進学の規定要因を明らかにし、外国人子弟とその家族の受け入れ社会への統合と多文化の共存を推進するための方策について提言する。

第Ⅳ部（第7章）では、本研究を通じて明らかとなった理論的発見と実証研究の分析結果をもとに、国際的な人の移動の役割と、その潜在力を発揮するための施策について論じる。

【注】

1　2018年12月8日「出入国管理及び難民認定法及び法務省設置法の一部を改正する法律」が成立した。
2　科学的根拠に基づいた政策決定の重要性については、『原因と結果の経済学』（中室牧子・津川友介著, 2017）、『学力の経済学』（中室牧子著, 2015）などに詳しい。

序　章

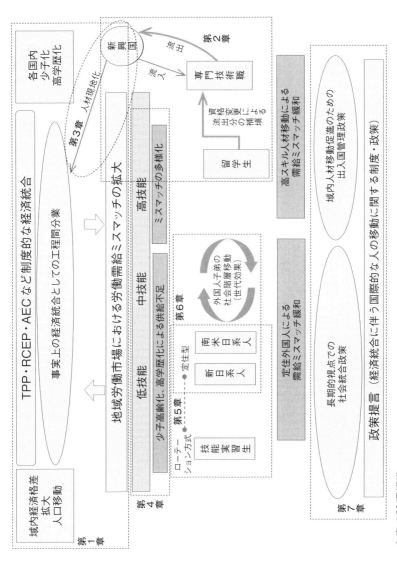

本書の論理構造

第Ⅰ部
国際的な人の移動の経済学的分析

第1章
経済統合と地域労働需給ミスマッチ
― 統計データと理論的アプローチを中心に ―

"I am a citizen of the world" (Desiderius Erasmus, 1466-1539).

1. はじめに

　2018年、米国と中国が関税の報復を応酬する貿易摩擦が長期化し、世界経済への悪影響が深刻化している。そうした中で、2018年7月に日本と欧州連合（EU）は経済貿易協定（EPA）に署名し、2019年3月下旬までの発効を目指すこととなった。ドナルド・トランプ大統領の誕生によって米国の突然の離脱があり、一時は暗礁に乗り上げた環太平洋パートナーシップ協定（Trans-Pacific Partnership: TPP）であるが、米国を除く11カ国[1]の粘り強い協議により、環太平洋パートナーシップに関する包括的及び先進的な協定（Comprehensive and Progressive Agreement for Trans-Pacific Partnership: CPTPP）として2018年3月に署名式が行われた。11カ国以外にもタイ、インドネシア、韓国、コロンビア、英国が関心を示すなど、自国第一主義に対抗する自由貿易圏拡大の動きも再び広がりつつある。アジア地域においても2015年末にASEAN経済共同体（ASEAN Economic Community）[2]が発足しており、域内に存在する大きな経済格差を乗り越え、そして国内においても自由貿易の恩恵が広く享受できるようなかたちで、持続可能な開発目標（Sustainable Development Goals）のもと、「誰ひとり取り残さない」世界の実現に向けた取り組みが必要とされている。

　これまで自由貿易協定など経済統合をめぐる通商交渉では、貿易・直接投資の自由化が主な論点であり、人の移動の自由化は、先進国と途上国の間の利害

対立を背景として、世界貿易機関（WTO）設立協定においては、サービス貿易に必要な人の移動に限って、交渉の対象とされただけである。しかし、このことは、経済統合にあたって、人の移動は重要な役割を果たさないことを意味していない。

EU や北米自由貿易協定（NAFTA）、2015 年末に設立された ASEAN 経済共同体などの経済統合がもたらす影響について、これまでに多くの研究が進められてきたが、従来の経済統合に関する理論的な分析は、貿易・投資に注目した研究が主であり、国際的な労働力移動に焦点を当てた研究は、いまだに少ない。しかし、実際には、国際的な人の移動は増加し続けており、その形態も労働移民・家族移民といった伝統的なものだけでなく、留学生や帰還移民といった新しい形態のものも含めて非常に多様化している。そして、こうした国際的な人の移動が貿易や投資、そして新たなイノベーションを生み出すうえで重要な要素となっている可能性があり、国際的な人の移動を考慮しない場合、経済統合の実情を適切に把握する要素を看過してしまう恐れがある[3]。

古典的な貿易理論では、収穫一定の生産関数を仮定し、要素移動は発生しないことを前提として理論的展開が行われ、世界経済の厚生の最大化には貿易の自由化が寄与すると考えられてきた。そして、垂直貿易・産業間貿易から水平貿易・産業内貿易へと貿易構造が変化する中で、収穫逓増の生産関数に基づいた新たな貿易理論が提唱され、フラグメンテーション、産業集積などによって国際貿易の構造が説明されてきた。そこで本章では第 1 に、国際的な人の移動の現状について概観を行い、第 2 に、国際貿易と経済統合の理論的展開について、これまでに行われてきた研究について整理したうえで、第 3 に、近年に量的にも質的にも拡大している国際的な人の移動が地域労働市場の需給ミスマッチに与える影響と経済統合との関係について検証する。

（1）国際的な人の移動の概況

国際的な人の移動は、2015 年 9 月に採択された持続可能な開発のための 2030 アジェンダにおいても、17 ある目標のうち 11 に関係する重要なテーマで

ある。世界には約2億5770万人もの人々が、生まれた国とは異なる国で生活をしており、その人数は2000年の約1億7260万人から約5割も増加している。2017年の世界全体の人口75.5億人（United Nations Department of Economic and Social Affairs Population Division, 2017）の約3.4％を占めていることになる。出生した国とは異なる国で生活する移住者[4]の人数は、1995年は1億6080万人、2005年の人数は1億9127万人、2010年には2億2171万人、2015年には2億4370万人となっており、2000年以降の移住者数の増加が顕著となっていることがわかる（図1－1参照）。

　日本においても、日本の労働力人口の減少・少子高齢化が深刻化する中、外国人の存在感が急速に増している。日本国内に在留する外国人は2017年末に256万1848人と過去最多の人数となり、総人口に占める割合も2.02％と初めて2％を上回ることとなった。過去約40年間に、在留外国人の人数と、在留外国人が総人口に占める割合はともに約3倍になっていることが分かる（図1－2参照）。日本国内で就労する外国人労働者数も急速に増加しており、2017年には過去最多の128万人に達している。

（2）技能実習生を取り巻く状況の変化

　2016年末に外国人労働者数が100万人の大台を突破し、2017年末にはさらに増加して128万人に達したことが各種メディアで大きく報じられたが、2016年にはさらに20万人以上増加するなど、人手不足が深刻化する中で外国人労働者への需要が大きく高まっている。こうした中で特に存在感を増しているのが外国人技能実習生である[5]。2018年6月15日に閣議決定された「経済財政運営の基本方針2018〜少子高齢化の克服による持続的な成長経路の実現〜」（骨太の方針）において、日本政府は「介護」「農業」「建設」「宿泊」「造船」の5職種に新たな在留資格を創設し、2025年までに50万人超の外国人労働者の受け入れ拡大を行う考えを明らかにした。新しい在留資格は「存続・発展のために外国人材の受け入れが必要と認められる業種」を対象とする方針であり、上記の5職種からさらに拡大される可能性もあると考えられる。外国人技

第1章　経済統合と地域労働需給ミスマッチ

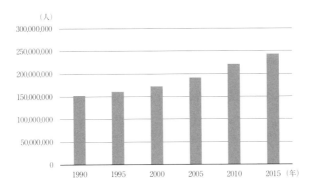

図1-1．出生した国とは異なる国で生活する移住者の人数推移
出所：国連人口統計部 "Trends in International Migrant Stock" をもとに筆者作成

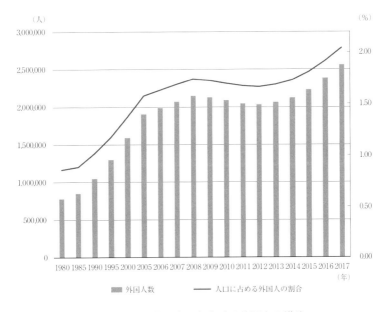

図1-2．日本国内に在留する外国人の推移
出所：法務省「在留外国人統計」及び「国勢調査」をもとに筆者作成

19

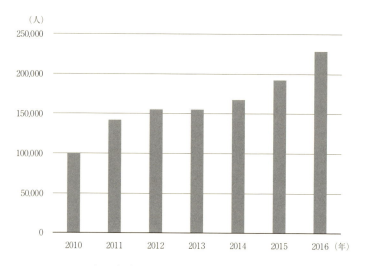

図 1 − 3. 在留資格「技能実習 1 号イ」「技能実習 1 号ロ」
「技能実習 2 号イ」「技能実習 2 号ロ」の合計数推移
出所:法務省「在留外国人統計」をもとに筆者作成

能実習制度は近年の伸びが著しく、法務省が発行する「在留外国人統計」によれば、「技能実習 1 号イ」「技能実習 1 号ロ」「技能実習 2 号イ」「技能実習 2 号ロ」の合計数は 2010 年には 10 万 8 人であったが、2016 年には 22 万 8588 人と約 2.3 倍にまで拡大している(図 1 − 3 参照)。

なお、技能実習生については人数の増加もさることながら、彼ら・彼女らの出身国が急速に多様化していることについても注意が必要である。在留資格「技能実習 1 号イ」「技能実習 1 号ロ」「技能実習 2 号イ」「技能実習 2 号ロ」の合計数では、2016 年度にベトナムが中国を上回って最大のグループとなった(図 1 − 4 参照)。2010 年には技能実習生の出身国の約 8 割は中国であったが、この数年でベトナム出身者の増加など、状況が大きく変化している(図 1 − 5 参照)。

1990 年に改正出入国管理及び難民認定法が施行された際は、南米系日系人が大幅に増加し、浜松市、大泉町などに「集住」する傾向が顕著であった。そ

第 1 章　経済統合と地域労働需給ミスマッチ

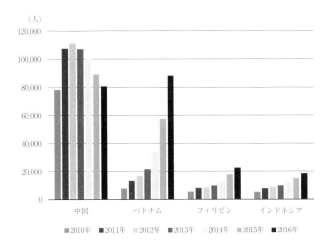

図 1 − 4．在留資格「技能実習 1 号イ」「技能実習 1 号ロ」
「技能実習 2 号イ」「技能実習 2 号ロ」合計数各国別推移
出所：法務省「在留外国人統計」をもとに筆者作成

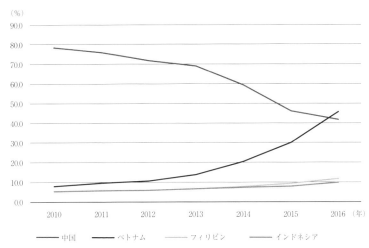

図 1 − 5．在留資格「技能実習 1 号イ」「技能実習 1 号ロ」
「技能実習 2 号イ」「技能実習 2 号ロ」の人数上位 4 カ国の各国の占める割合の推移
出所：法務省「在留外国人統計」をもとに筆者作成

のため、外国人集住都市会議の加盟都市が中心となって、地域に急増した外国人たちと共生するための方策について取り組む一方、外国人があまり住んでいない自治体にとっては、問題が深刻化することはなかった。しかし、近年に増加している在留外国人はアジアを中心に多様な国・地域から来日しており、特定の自治体に「集住」するのではなく、様々な地域に分散して在住するような「散住」ともいうべき状況へと変化している。こうした変化に対応することなく、特定の自治体や市民団体の自助努力に依存したままでは、新しく外国人居住者が増え始めた地域などにおいて対応が後手に回る恐れがある。

(3) 留学生の概況

　上述の技能実習生だけでなく、近年、日本における外国人労働者に占める留学生も増加が顕著となっている。また、日本で学ぶ留学生は、以前は中国、韓国、台湾の出身者たちが大半を占める構造であったが、近年はネパール、ベトナムなどからの留学生の人数の増加が著しい。留学ビザと就学ビザの統合（2012年）に伴い、資格外活動が14時間から28時間まで認められるなどの制度変更などの影響もあり、日本語学習を目的とした日本語教育課程への入学者の増加には注意が必要である。留学生の在籍機関と国籍別比較では日本語教育機関に在籍する外国人学生ではベトナム国籍者が2万5228人で最多となっている。中国は2番目に多い2万3331人、ネパールが6015人で第3位、第4位はスリランカ出身者で2071人、第5位が台湾で1929人となっている。日本語教育機関に在籍する学生数の合計が6万8165人であるから、中国、ベトナム、ネパールの3カ国で全体の8割超を占める構造となっている。一方、高等教育機関在籍者では中国が最多となる7万5262人、次いでベトナムが2万8579人、韓国が1万3571人で第3位、第4位がネパールで1万3456人、台湾が6401人で第5位となっている（表1-1参照）。

　ただし、留学生の就労について重要なことは、留学生の本業は学業であり、最大で週28時間までの「資格外活動」とされていることである。米国や英国などでは、留学生の学業と無関係な就労は原則として禁じられている。人手不

表1-1. 留学生の所属機関レベル（出身国別）

(単位：人)

	日本語教育機関	高等教育機関
中国	23,331	75,262
ベトナム	25,228	28,579
ネパール	6,015	13,456
台湾	1,929	6,401
スリランカ	2,071	1,905
韓国	1,886	13,571
全体	68,165	171,122

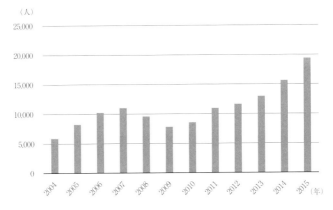

図1-6. 日本企業等への就職を目的とした在留資格変更許可申請の許可数推移

出所：法務省入国管理局（各年度）

足が深刻化する中で、留学生の就労時間制限を緩和するべきという意見もあるが、人手不足の緩和のための場当たり的な変更ではなく、留学生の人的資本開発の観点から、中長期的な視点で留学生と日本との関係を考えて制度設計を行うべきである。

留学生の日本企業等への就職は世界経済危機の影響を受けた 2008 年と 2009 年には減少傾向となったが、その時期を除けば右肩上がりで増加している（図1-6参照）。

ただし注意が必要な点として、近年はネパール、ベトナムなどからの留学生の人数の増加が著しい一方で、卒業後の日系企業等への就職数では依然として、中国出身の学生の占める割合が過半数を占める状況が続いている。平成28年にベトナム国籍の留学生の日系企業等への就職が 2488 人と韓国国籍（1422人）を初めて上回ったが、同年度の中国国籍者の人数は 1 万 1039 人であり、依然として大きな差が存在している（図1-7参照）。留学生のアルバイトによって人手不足が短期的に補われたとしても、留学生たちが卒業後に日本において就職ができるような人的資本開発が行われていないようであれば、現状の留学生政策に問題がないか検証が必要であろう。人数規模だけであれば、「留学生30万人計画」は 29 万 8980 人（平成 30 年 5 月 1 日、日本学生支援機構）と達成が近づいている状況であるが、今後は留学生の卒業後の日本企業等への就職など、日本留学中の教育の質について、議論を深めていかなければならない。

(4) 在留外国人の定住・永住化傾向

技能実習生・留学生の顕著な増加についての報道が多いが、日本在住の外国人全体で永住志向が高まっていることについても注目しなければならない。2016 年末に日本に在留する外国人は 238 万 2822 人に達しているが、そのうちの約 45％（106 万 6061 人）が永住者（在留資格「永住者」と「特別永住者」の合計）である。在留資格「特別永住者」は減少傾向が続いている一方、在留資格「永住者」は全体として増加が顕著であり、2017 年末の人数は 74 万 9191 人にまで達している（図1-8参照）。

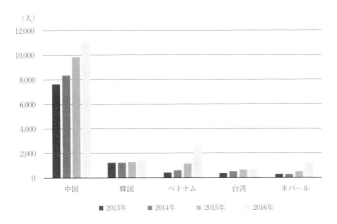

図1-7. 日本企業等への就職を目的とした在留資格変更申請の許可数推移（国籍別）
出所：法務省入国管理局「留学生の日本企業等への就職状況について」（各年度）

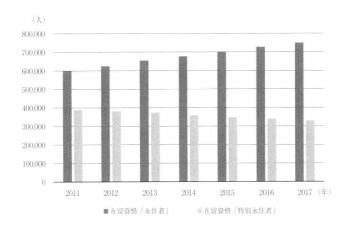

図1-8. 在留資格「永住者」と在留資格「特別永住者」の人数推移
出所：法務省「在留外国人統計」をもとに筆者作成

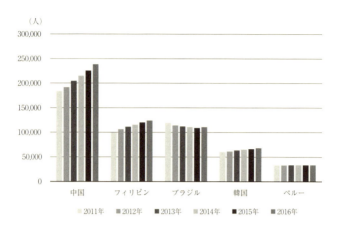

図 1 － 9. 一般永住者数推移（国籍別）
出所：法務省「在留外国人統計」（各年度）
※ 2011 年の韓国については「韓国・朝鮮」の数字を使用

なお、在留資格「永住者」と在留資格「特別永住者」を有するものの国籍については、在留資格「特別永住者」は韓国籍と朝鮮籍の合計が約 99％ を占めている。一方、在留資格「永住者」の中で最も多いのは中国籍（23 万 8438 人）であり、在留資格「永住者」のうち約 33％ を占める構造となっている。またフィリピン国籍の一般永住者も増加を続けており、2016 年末には 12 万 4477 人に達している。ブラジル国籍者の一般永住者についても、2008 年の世界経済危機後にブラジルへの帰国者が多数いたことなどの影響により、減少傾向となっていたが、2016 年から再び増加に転じている（図 1 － 9 参照）。

2. 国際貿易と国際的な人の移動についての理論的考察

(1) 貿易理論

　古典的貿易理論であるリカード・モデルでは 2 財、1 生産要素、2 国の条件の仮定のもとで、両国の 2 財の相対価格に基づく比較優位によって、国際貿易

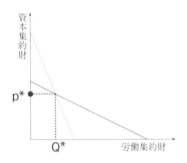

図1−10.資本を豊富に有する国におけ る資本集約財と労働集約財の選択

が発生すると説明されている。このリカード・モデルでは、各国の労働生産性の絶対優位ではなく、2財の生産に関する両国の比較優位によって、各国が比較優位を有する財の生産に特化して輸出を行い、比較優位を有しない財を輸入することで、世界経済全体の厚生は貿易を行わない場合よりも拡大することになる。

リカード・モデルに対し、ヘクシャー＝オリーンは、2財、2生産要素、2国の条件を仮定し、リカードが提唱した労働生産性の比較優位ではなく、2国間の生産要素賦存比率の違いによって国際貿易を説明するモデルを示した。

リカード・モデルとヘクシャー＝オリーン・モデルはともに収穫一定の生産関数に基づいて理論を展開しているが、ヘクシャー＝オリーン・モデルは、完全競争や情報の完全性を仮定し、輸送コストも無視できることを前提とする。また、2国間の技術の水準は同じであることも前提とする。これらの条件のもとで各国が要素賦存量の多い生産要素を集約的に用いて財を輸出するため、資本の賦存量が豊富な国では、労働集約財よりも資本集約財を輸出することを選択する。そのため、資本集約財の生産量（P）が労働集約財生産量（Q）を上回るかたちとなる（図1−10参照）。

ヘクシャー=オリーンのモデルを基礎として導かれる要素価格均等化定理は、両国間で生産要素が移動しないことを前提として、両国が2財をともに生産している場合には、両国の生産要素価格は一致することになる。例えば資本が豊富な国が、資本集約財である自動車を輸出して、労働がより豊富な国から労働集約財である食料品を輸入した場合、労働集約産業が衰退し、労働の供給過剰によって賃金が下落する。それに対し、資本集約財の拡大に伴って資本の追加投入が行われるため、資本が相対的に不足し、資本の価格が上昇する。その結果、資本が豊富な国ではB点からC点への移動が発生し、労働力が豊富な国はA点からC点への移動が発生することとなり、両国の要素価格は均等化する（図1-11、図1-12、図1-13参照）。このように、労働力が豊富な途上国からの労働集約財の輸入増加は、途上国との競争にさらされる先進国の地域労働市場の賃金水準を低下させる。先進国における農業団体などから自由貿易への反対意見が根強いのはこのためである。

　なお、リカード・モデルとヘクシャー=オリーン・モデルは収穫一定・完全競争を前提としており、ともに先進国と途上国間の垂直貿易・産業間貿易をモデル化している。しかし、国際貿易における水平貿易・産業内貿易の重要性が増す中で、クルーグマンやディキシットとスティグリッツらによって、リカード・モデルの前提とは異なる収穫逓増・不完全競争を前提とした新たな理論構築の必要性が提起された。

　それに対し、クルーグマン（2001）は先進国同士で行われる水平貿易・産業内貿易が中心の貿易構造は従来の先進国と途上国間の産業間貿易・垂直貿易と大きく異なっており、先進国間の貿易構造は水平貿易・産業内貿易を前提として理論が構築されるべきであると主張した。なぜなら、先進国市場では消費者の嗜好の多様化が進んでおり、先進国間の実体経済では、同一製品を互いに輸入し、輸出も行っているからである。実際、上述のように日本国内で自由貿易に反対する意見が根強い農業分野においても、安全で高品質な高価格の農産物[6]と、低価格の輸入農作物は異なるニーズをもつ消費者に購入されている。つまり自由貿易によって賃金が低下する懸念がある産業に対しては、自由貿易

第1章 経済統合と地域労働需給ミスマッチ

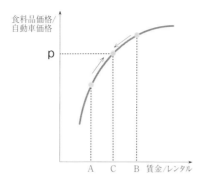

図1-11. 貿易に伴う要素価格の均等化

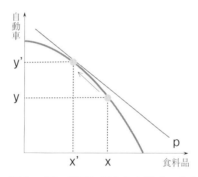

図1-12. 貿易に伴う生産構成の変化
　　　　（資本が豊富な国の場合）

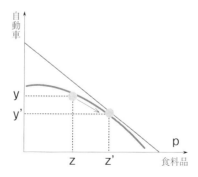

図1-13. 貿易に伴う生産構成の変化
　　　　（労働が豊富な国の場合）

29

域内における輸出を促進するための支援など、持続可能なかたちで、どの産業に従事する者たちも幅広く自由貿易の恩恵を享受できるような取り組みをしていかなければならない。

(2) 経済統合

経済統合には、自由貿易、関税同盟、共同市場、高度の経済統合（通貨統合[7]など）のような段階がある（Ballasa, 1961）。経済統合が国際法上に位置づけられたのは 1947 年に締結された関税及び貿易に関する一般協定（GATT）であり、経済統合の代表的なものとしては欧州経済共同体（EEC, 1957 年）、北米自由貿易協定（NAFTA, 1994 年）、ASEAN 経済共同体（AEC, 2015 年）がある。Ballasa（1961）によれば、第二次世界大戦以前はドイツやスイスなどの国家形成において関税同盟の形成が重要な役割を果たし、ベネルクス諸国の間で通貨統合が実施されるに至ったが、それ以外には、ほとんど行われていなかった。しかし 2 つの世界大戦を経て、第二次世界大戦後の欧州において、1950 年のシューマン宣言によって独仏融和が進められ、統合の第一段階となる石炭鉄鋼共同市場の形成が決定し、1952 年に欧州石炭鉄鋼共同体（ECSC）が誕生した。さらに 1957 年には欧州経済共同体（European Economic Community: EEC）が誕生した。2 国間及び多国間通商交渉による経済統合を進めていくうえで基本の原則となっているのは GATT 第 1 条の最恵国待遇である。ただし、GATT 第 24 条によって、域外に対する関税その他の通商規則が、締結前にそれらの構成地域に存在していたものより高度または制限的でないことと、構成国間の関税等を実質的にすべて撤廃することを条件として、地域経済統合が例外的に認められている。

　従来、経済統合に関する理論的な分析は、人材が国際的に移動しないことを前提条件としてきた。例えばリカードは、2 国間の生産技術の差異による比較優位に基づいて貿易が発生するという理論を提唱した。そしてヘクシャー＝オリーンは、国際間の生産要素の賦存比率が貿易の源泉となり、国際貿易を通じて要素価格が均等化されるモデルを提唱した。これらの理論は国際貿易の理論

の発展に重要な影響を与えてきたが、労働者の移動は国内のみに限定され、国外への人材移動は発生しないことが前提条件となっていた。しかし、実体経済では、海外拠点への技術の移転に伴う、本社からの社員の派遣や、海外留学を通じた人的資本形成など、国際的な人の移動の重要性が増しており、これらの理論では経済統合の実情を適切に把握する要素を看過してしまう恐れがある。

こうした中、2015年10月に合意に至ったTPP総合対策本部は、アジア太平洋地域の市場がオープンになったことで、地方や中小企業にも世界市場へアクセスすることが可能になった点を経済統合のもたらす便益として強調している。TPP交渉加盟国の経済規模は世界全体の約4割を占めており、人口規模でも世界のおよそ1割を占める巨大な経済圏となる。ASEAN経済共同体は5.5億人と世界経済に非常に大きな影響を及ぼす水準にまで拡大しつつある。ASEANは域内の輸入関税を段階的に5%以下に引き下げ、2010年に関税撤廃（CLMV〈カンボジア、ラオス、ミャンマー、ベトナム〉は2015年[8]）を行った。

3. 工程間分業が地域労働市場に及ぼす影響についての理論的考察

東アジアでは中間財を中心とした自由貿易協定の締結が行われ、各国の物流インフラへの投資も進み、域内各国を結ぶ費用（サービスリンクコスト）が低下した。そして域内サービスリンクコスト低下の結果、域内間における産業内貿易が拡大し、フラグメンテーションの形成が進行した。こうした東アジアにおける地域産業集積を核とした工程間分業発展の重要な背景として考慮しなければならないのが、産業集積の形成と、産業集積による規模の経済である。規模の経済は、地域経済統合を推進する重要な理論的背景である。域内関税の低下によるサービスリンクコストの低下によって、域内貿易の増加をもたらす貿易創出効果を生み出し、さらに、関税が低下しない域外からの貿易が域内貿易へと転換される貿易転換効果も発生するのである。

また、産業集積の発展に関し、赤松（1944）は産業発展の形態としての「雁行形態」を提唱した。従来、輸入を行っていた製品を国内において生産するた

めに資本蓄積と技術移転が必要であるが、ある国において資本蓄積と技術移転、そして自国生産を実現した場合に後続する周辺諸国にも、その資本と技術が活用され、経済発展が進む。この経済発展モデルにおいては、各国の技術水準が異なるという現実的な前提がとられている。小島清は、日本企業の直接投資に代表される順貿易志向型直接投資は、日本にとっての比較劣位産業に必要な技術と資本が、発展途上段階にある国に移転することで両国の経済厚生が拡大し、世界経済にとってプラスの影響が生まれることを理論化した（小島, 1985）。

リカード・モデルとヘクシャー＝オリーン・モデルは、比較優位または要素賦存量の違いが源泉となって両国間で貿易が発生し、財の移動が発生するが、生産要素の移動は発生しないことが前提となっている。それに対し、クルーグマン（2001）は、財の移動と比べて要素移動には政治的要因などの制約が多いものの、要素移動も重要である点を強調し、収穫一定ではなく、収穫逓増の前提に基づいて、要素移動が国際貿易にもたらす影響を分析する必要性を指摘している。さらに、都市には多くの種類の財が集まっているため、このこともインセンティブとなって、労働力の都市への移動は促進される。このように、貿易が何らかの障害によって発生しない場合においても、生産要素である労働者の移動によって貿易と同等の効果が発生することとなり、さらに労働力の増加に伴う収穫逓増によって、都市の生産性が高まることとなる。

また木村（2000）も、国際間の資本移動が著しく増加しており、分析目的に応じて生産要素の移動を理論モデルに組み込むことが必要であると主張し、労働者の移動と労働者移動に伴う家族の移動などが社会に与える影響についても研究を進めることが重要であると指摘している。

産業集積は地域の雇用創出のうえで非常に重要な存在となっているが、収穫逓増を産業集積の生産関数の前提とした場合、生産要素である労働力の国際的な移動は産業集積の競争力を考慮するうえで重要な役割を果たしていると考えられる。

そこで、経済統合が進み、国際的な競争にさらされる中で、これが一国の地

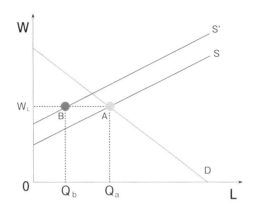

図1−14. 労働力流出が発生した地方労働市場

域労働市場に及ぼす影響についての考察を行う。そこでは、国内の労働者と外国人労働者の補完性と代替性に着目し、国際的な労働移動が、地域労働市場と地域の産業集積の発展に与える影響について理論的考察を行う。

アジア域内のサービスリンクコストが低下する中で工程間分業が進み、産業集積が域内の各地に形成される。この中で、従来、日本の地方都市が担っていた産業において、日本より労働力が豊富で賃金が低い国との競争が発生する。その結果、地方都市の労働市場で賃金水準を上げることが困難となる。例えば、以前にはW_Lの賃金水準でQ_aの労働供給量があった地方都市において、地方の労働者が、都市の高い賃金水準を求めて、地方労働市場から都市労働市場へ流出し、労働供給量がQ_bへと減少したと仮定する。労働供給が減少した場合、均衡賃金は上昇するはずなのだが、海外との価格競争のため、企業は賃金を上げることが困難である。そのため地方労働市場の賃金は上昇せず、Q_a−Q_bに相当する労働需給ミスマッチが発生する（図1−14参照）。

それに対し、図1−15では、国際競争のために賃金水準をあげることが困難であることから、留保賃金が低い外国人労働者を国外から受け入れたと仮定

第Ⅰ部　国際的な人の移動の経済学的分析

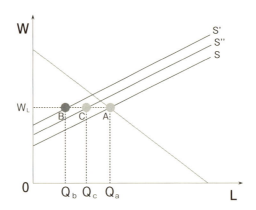

図1−15. 労働者流出と外国人労働者の流入が発生した労働市場

する。その結果、労働供給はS"へと右側にシフトする。この場合、図の$Q_a - Q_b$に相当する労働需給ミスマッチは、外国人労働者の地方労働市場への流入($Q_c - Q_b$)によって緩和され、労働需給ミスマッチは$Q_a - Q_c$と外国人労働者受け入れ前より少ない状態に改善される（図1−15参照）。

　次に工程間分業が進む中で、地域労働市場に重要な影響を与える産業集積について考察する。アジア地域では、赤松（1944）が提唱した「雁行形態」型の発展によって、日本から域内各国に技術が伝播し、NIEs（新興工業経済地域）をはじめとするアジア新興国の技術水準が向上した結果、アジア各国に産業集積が形成され、域内で工程間分業が進展する条件が整ったと考えられる。そこでさらに、生産性の高い産業集積と生産性の低い産業集積という2都市の労働市場を比較する。

　生産性が高く、プライス・リーダーとしての競争力がある産業集積が地域にありながら、労働市場需給ミスマッチが存在する都市を仮定する。前節と同様に、国内労働者と外国人労働者は同質な労働力ではない（代替関係ではなく補完関係）と仮定し、外国人労働者の流入によって、地域労働市場の労働需給ミスマッチが緩和されることで企業の生産活動が活性化し、企業側の労働需要はD

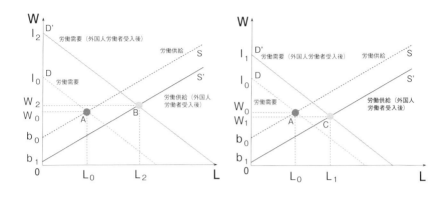

図1−16．生産性の高い地域の労働市場　図1−17．生産性の低い地域の労働市場

からD'へ移動する。その結果、労働供給量増加前の賃金（W_0）よりも高い賃金（W_2）で均衡するため、地域労働市場における労働環境は改善されることになる（図1−16参照）。井口（2015b）はこの点に関し、産業集積のある都市に、自国人材と補完性の高い「技術・知識を有する外国人」が流入して労働供給が増加すると、労働需要が高まる可能性があるとしている。

一方、地域の生産性が低く、プライス・テイカーとして競争力が低い産業集積を仮定した場合には、外国人労働者の流入による労働需要の増加は限定的であり、労働供給量増加前の賃金（W_0）よりも低い賃金（W_1）で均衡するため、地域労働市場における労働環境は悪化することになる（図1−17参照）。

つまり、外国人労働者の流入が地域労働市場にもたらす影響は一律ではなく、地域労働市場の需給ミスマッチを解消するような互恵的な受け入れを行えるかどうかによってプラスの影響かマイナスの影響かが決まることになる。言い換えれば、外国人労働者に地域労働市場の仕事を奪われることを恐れるのではなく、自分たちと異なるものとの共創を通じ、新しい需要を創り出そうとする姿勢こそが重要である。

図1−16、図1−17を式で示すと以下のようになる。

$W = aL + b_0$ ……①

$W = aL + b_1$ ……②

$W = -mL + l_0$ ……③

$W = -mL + l_1$ ……④

$W = -mL + l_2$ ……⑤

ただし、$l_2 > l_1 > l_0 > b_0 > b_1$、$a > 0$、$m > 0$

③より、

$$W_0 = \frac{al_0 + mb_0}{a+m} \quad ……⑥$$

④より、

$$W_1 = \frac{al_1 + mb_1}{a+m} \quad ……⑦$$

⑤より、

$$W_2 = \frac{al_2 + mb_1}{a+m} \quad ……⑧$$

⑦、⑥より、

$$W_1 - W_0 = \frac{a(l_1 - l_0) - m(b_0 - b_1)}{a+m} < 0$$

となるような場合は、外国人労働者の流入によって賃金水準が低下する（図1−17）。

一方、図1-16は⑧、⑥より、

$$W_2 - W_0 = \frac{a(l_2-l_0)-m(b_0-b_1)}{a+m} > 0$$

となり、賃金水準は上昇することになる。

4．おわりに

　本章では国際的な人の移動の現状について概観するとともに、経済統合と地域労働市場の需給ミスマッチについての理論的考察を行った。欧州では欧州委員会（2007）が資格認知や労働市場内におけるスキル獲得など、移民を受け入れることによる労働市場の供給と需要のマッチングを促進する方法についての検討を行うなど、移民の労働市場への統合を「統合における主要優先事項」として位置づけてきた。また、地域に流入した移民たちへの施策として歴史的にイスラム移民などの問題を抱えていたオランダでは、市民として必要な知識（就労、医療、教育）に関する知識を備えていることを確認するため試験の受験を義務づけている。さらに、言語習得を進めるため、オランダ語の学習が義務化されている。このように、地域労働市場需給ミスマッチを緩和するうえでは、言語教育、市民教育といった施策を通じ、地域に流入してきた移民たちを、どのように社会に統合させるかという視点が必要不可欠である。日本では2018年にようやく「日本語教育推進基本法案（仮称）」が大筋合意となり、増加する在留外国人への日本語教育についての議論が始まろうとしたばかりである。

　第二次世界大戦後に荒廃した欧州を再建するために、「一つの欧州」という理想を掲げ、「欧州の父」と呼ばれたグーテンホーフ・カレルギーは日本人の母親のもとに日本で生まれ、欧州に渡った人物である。グーテンホーフ・カレルギーが先導役となって進めた欧州連合構想では、本章の冒頭にも記した"I am a citizen of the world" という言葉を残し、欧州各国を留学しながら学

ぶことによって、欧州の知恵の象徴となったデジデリウス・エラスムスにちなんだ Erasmus Mundus プログラム[9]を通じて、欧州域内の若者の留学を通じた相互理解の深化に取り組んできた。そして、その理想は、アジア版のエラスムス計画となる「キャンパス・アジア構想」として、2010年より大阪大学をはじめとする日本の各大学で実施されることになった。戦争・対立といった困難な歴史を乗り越えるために先人たちが紡いできた歴史を私たちは決して忘れてはならない。しかし、2016年の英国国民投票による EU 離脱（BREXIT）支持派の勝利を皮切りに、米国ではアメリカ・ファーストを掲げるドナルド・トランプ氏が大統領に選出され、2017年にはオーストリア下院選挙における「反難民」を掲げた国民党が第 1 党となり、党首のセバスティアン・クルツ氏は世界最年少となる 31 歳での国家主席就任が決まった。ニュージーランドでも、2017年 9 月に開催された総選挙においてニュージーランド・ファースト党が第 3 党となり、第 1 党の国民党と第 2 党の国民党がともに過半数に達しないことから、キャスティング・ボートをニュージーランド・ファースト党が握るという構造となった。その結果、第 2 党の労働党と第 3 党のニュージーランド・ファースト党による連立政権が樹立され、留学生や外国人投資家の受け入れを推進してきた同国の政策にも小さくない変化が起こることが予想される。ニュージーランドでは観光産業と留学産業によるサービス貿易の大幅な貿易黒字が同国の経済に重要な役割を果たしていた。そうした状況でもなお、こうした選挙結果となったことからも、世界的な内向化が深刻であることがうかがえる。

　こうした世界の兆候の危険な点は、「外国人」というたった一つの単語で、スキルや背景の異なる多様な人々を一括りにしてしまっていることである。移民と難民というまったく性質が異なる集団についても「反移民・反難民」と一括りにしてしまうような粗雑な言説も散見される。しかし、こうした感情的な議論は、本章で論じたような外国人労働者が果たす地域労働市場の需給ミスマッチの緩和や、留学などのかたちで日本で学び、卒業後に日系企業などで就労するなど、母国と日本をつなぐかたちで両国の互恵的な発展にもたらしてい

るプラス面を見逃している。

　日本における多文化共生[10]政策の推進において中核的な役割を果たしてきた外国人集住都市は、豊田宣言（2004）において、「日本人住民と外国人住民が、互いの文化や価値観に対する理解と尊重を深める中で、健全な都市生活に欠かせない権利の尊重と義務の遂行を基本とした真の共生社会（多文化共生社会）の形成」を目指し、外国人住民とともに活力ある地域社会を目指す方針を打ち出してきた。実際、外国人住民の割合が増加している地方都市では、地域に在住する外国人との関係を深めようとする地域住民の自発的な取り組みによって、国際化への歩みが進んでいる。例えば、岡山県矢掛町にはベトナム出身者を中心に外国人住民が多数存在することから、2017年11月にはベトナム・フェスティバルが開催され、技能実習生だけでなく、岡山県の大学で学ぶベトナム人留学生たちの協力で多数のベトナム料理が参加者たちに振る舞われた。当日は岡山県だけでなく広島県や鳥取県で働く技能実習生たちも参加し、ベトナム語カラオケやビンゴゲームなどで、若い参加者たちにとっての楽しい休日となった。Bodvarsson & Van den Berg（2013）が、海外に移住することによって移民が社会関係資本を失い、外国人労働者と彼らの家族が社会階層の下層部に留まるリスクが高いと指摘している。その意味において、こうした地域住民の取り組みによって、来日した外国人たちが地域における社会関係資本を形成できるような取り組みは極めて重要である。

　そして注目すべきことは、こうした多文化イベントが開催されることによって岡山市や倉敷市などの近隣に住む日本人の若者たちも矢掛町を訪問し、地域がもっている文化財やハッカなどの特産物を知る機会になっていることである。地域の企業が技能実習生を受け入れる大きな理由の一つは、日本人若年労働力の不足である。矢掛町をはじめとする地方自治体の多くが同じ課題を抱えており、技能実習生を受け入れるだけでなく、矢掛町のように彼らの出身国と地域との協働によって、日本人の若者にとっても魅力的な地域を形成していくことが、より持続可能なかたちで地域を発展させていくためには必要であろう。新しい価値を生み出すことによって、外国人にも地域の人々にも恩恵が

ある互恵的な関係となり、持続可能な地域の新しい未来像を描いていくことが必要である。人口動態調査（2018年1月1日時点）では日本人の総人口は1億2520万9603人と9年連続での減少となる一方で、在留外国人の人口は過去最多の約250万人となった。生産年齢人口（15～64歳）は1995年以降、減少の一途をたどっており、海外からの人材受け入れだけではなく、既に国内に在留している外国人材の人的資本開発も含め、自分たちと異なるものとの「共創」を通じ、新しい価値を創出しようとする姿勢が必要不可欠である。

【注】

1　オーストラリア、ブルネイ、カナダ、チリ、日本、マレーシア、メキシコ、ニュージーランド、ペルー、シンガポール、ベトナムの11カ国。
2　2015年11月22日に行われたASEAN首脳会議にてASEAN経済共同体発足の署名式が行われた。2015年12月31日にASEAN経済共同体が正式に発足した。
3　国際的な人の移動と、貿易・投資の関係性（Migration Trade Link）についての研究には、White & Tadesse（2010）や井口（2014）などがある。
4　国籍と異なる国に移動した者は1年以上滞在するか、滞在が予想される者を意味し、1年未満の短期移動は人数に含まない。
5　留学生の「資格外活動」による就労も存在感を急速に増しており、週に28時間の就労時間の制限について緩和を求める声もある。
6　米国市場においてもオーガニック食品を中心としたホール・フーズと、低価格を強みとするウォルマートのように消費者の嗜好は多様化している。
7　Mundell（1957）は最適通貨圏の成立条件の一つとして、賃金の伸縮性があることと、十分な労働移動があることの2つを挙げ、通貨統合によって、為替の調整を通じた均衡の実現ができない場合に、労働が2国間の不均衡を是正するうえで重要な役割を果たしていることを指摘している。
8　一部は2018年。
9　エラスムス計画（The European Community Action Scheme for the Mobility of University Students : ERASMUS）は、EUの経済力の強化と加盟国間の結合の促進を目的として、人材育成と科学・技術分野のEC（現在はEU）加盟国間の人的交流協力計画の一環として、大学間交流協定等による共同教育プログラムを積み重ね、「ヨーロッパ大学間ネットワーク」を構築、EU加盟国間の学生流動を高めようとする計画である。

10 日本社会では外国人受け入れにおいて「多文化共生」が重要な概念として用いられてきた。総務省（2006）は、「国籍や民族などの異なる人々が、互いの文化的違いを認め合い、対等な関係を築こうとしながら、地域社会の構成員として共に生きていくこと」が多文化共生であると定義している。

第Ⅱ部
新興国の台頭と東アジア域内における
国際的な人の移動

第2章
日本から新興国への高度人材移動に関する経済学的研究[1]

1. 問題の所在

　環太平洋戦略的経済連携協定（TPP）の議論が進行する一方、東アジア地域包括的経済連携（RCEP）の交渉会合も積み重ねられている。また、2015年末にASEAN経済共同体が発足するなど、アジア太平洋地域における経済統合の歩みが進んでいる。

　中国とインドという巨大市場をもち、さらにASEANという新興市場も抱えるアジアは、世界経済における存在感を増している。国際通貨基金（IMF）によれば、2006年に35％であったアジアの世界GDPシェアは更なる拡大が予想されている。経済成長が著しく、中間層が増加しているアジア市場をめぐって、世界各国の企業がアジアへと進出する状況が続いている。

　このようにアジア太平洋地域の経済が力強さを増す中で、日本をめぐる国際的な人の移動にも変化の兆候がある。法務省入国管理局発行の「出入国管理統計」によれば、出国人数と入国人数の差（以下、「純流出」という）において、日本国内の外国高度人材で最も割合が高い「人文知識・国際業務」の在留資格では、2000年から2012年の13年連続で出国人数が入国人数を上回る事態が続き、2万7895人もの純流出が発生した。これは同在留資格において、10年連続して入国超過が発生し、合計1万3812人もの入国超過であった1991年から2000年とは対照的な状況である。同在留資格は、1990年に入国管理及び難民認定法の制度改正が行われた際に創設されたため、それ以前の統計は存在し

ない。しかし、日本経済のバブル崩壊後の1990年代に、これだけの入国超過があることから、それ以前にも海外から多くの人材が来日していたのではないかと考えられる。

　従来の国際的な人の移動の研究では、途上国から先進国に、より良い環境を求めて、人々が移動すると考えられてきた。しかし、上記のように、近年は高度人材が、日本をはじめとする先進国から新興国へと移動している。新興国の経済成長は著しいものの、一人当たり国民総生産などの経済指標では、先進国の水準まで達していない。それにもかかわらず、高度人材が先進国から新興国へ移動するという現象を、従来の議論で説明することは難しい。こうした新たな現象に関し、米国からインド、中国などへの高度人材の移動を対象とした研究は進みつつある。しかし、日本から新興国への高度人材の移動の変化に関する研究はまだ十分とは言い難い。そこで、本章は、この問題に挑戦し、日本から新興国への高度人材の移動に関する理論的・実証的研究を行おうとするものである。

2. 先行研究

　国際的な高度人材の移動に関する理論的研究は、米国の高度人材の増加を検証したGrubel & Scott（1966）らによって進められ、高度人材の移動が人材受け入れ国、人材送出国にもたらす影響など、様々な観点から行われてきた。例えば、Rivera-Batiz（1986）は、高度人材の移動の中でも、貿易によって輸出・輸入が困難である教育や医療などの分野における人材流出に関し、その代替性の低さから社会的損失が大きい点を指摘している。Connelら（2007）も、アフリカ地域から欧米諸国など先進国への医師・看護師の流出が止まらず、深刻な状況が続いていることについて論じている。

　また、人材送出国の経済にとって、海外移住者から母国への外国送金が重要であることが以前から指摘されてきた。世界銀行（2009）によれば、2008年に途上国に向けて送金された金額は3380億米国ドルであり、タジキスタンのよ

うに GDP のおよそ半分が外国からの送金によって占められる国も存在する。このように、人材送出国の経済にとって、海外移住者の外国送金が与える影響は非常に大きいものとなっている。

　Saxenian（2005）によれば、高度人材の移動に関する研究は、途上国から先進国への移動に関するものを中心に進められてきた。しかし近年、新興国経済の台頭とともに、先進国から新興国への高度人材の移動（リバース・マイグレーションとも呼ばれる）という新たな兆候があり、こうした新たな兆候に関する研究も行われている。例えばChacko（2007）は、インドのIT産業の集積であるバンガロールとハイデラバートにおいて、米国で先端技術を学んで帰国した高度技術者たちが、両都市の情報産業の形成に大きく寄与した点を指摘している。またSaxenian（2005）はインドだけでなく中国においても、米国から帰国した高度技術者が、母国の情報産業の発展に貢献している点について言及している。

　日本をめぐる人材移動を対象とした研究では、井口（2013）が、アジアから欧米への人材移動が、アジア域内の人材移動に代替される動きがあることについて指摘している。

　また、近年は日本政府が海外からの高度人材の受け入れを推進していることもあり、高度人材の招聘に関する研究が数多く行われている。例えば、三浦（2013）は2012年から導入されたポイント制の活用実態について調査を行い、高度人材受け入れにおける課題について論じている。

　このように、国際的な人材移動に関する研究は、様々な観点から行われてきたが、日本から新興国への高度人材の移動に関する研究は、まだ十分に行われているとは言い難い。そのため本研究では、日本をめぐる高度人材の移動の実態と、その背景にある要因について理論的・実証的に検証を行う。

3．外国高度人材の純流出と留学生の在留資格変更による補塡
　　――アジア各国経済動向――

　本節では、外国高度人材の純流出の構造と、純流出分を補う構造となってい

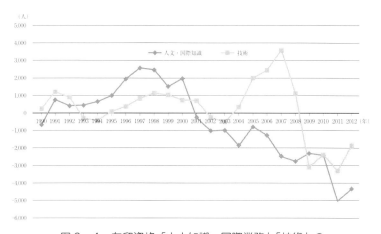

図2-1. 在留資格「人文知識・国際業務」「技術」の
1991～2012年の入国者数－出国者数の推移
出所：法務省「出入国管理統計年報」（各年次）をもとに筆者作成

た留学生の在留資格変更、そしてアジア各国経済の動向に関して統計データを用いて検証を行う。

「出入国管理統計」によれば、1991年から2000年にかけて、「人文知識・国際業務」の在留資格は10年連続して入国超過となり、合計で1万3812人もの入国超過であったが、2001年から2012年にかけては13年連続で出国超過となり、2万7895人もの純流出が発生している。つまり、2000年前後から、日本をめぐる国際的な人の移動に大きな変化が生じているといえる。また、「技術」の在留資格で入国する外国人材は流入超過の年が大半となっており、理系人材の需給ミスマッチを解消するうえで、外国高度人材が重要な役割を果たしてきた可能性がある。しかし、世界経済危機以降、2009～2012年の4年間で在留資格「技術」の保有者の純流出が8000人以上となる事態が発生している（図2-1、付表2-1参照）。高度人材の不足は「国際競争力を保つうえで最も深刻な課題」（Jöns, 2009）であり、高度人材の純流出増加の背景となっている要因の分析が急務となっている。

アジア各国の経済発展の段階は大きく異なるため、日本からの高度人材の移動について、各国ごとに詳細な分析を行う必要がある。そこで日本における外国高度人材の大半を占める在留資格「人文知識・国際業務」と「技術」に関し、出入国管理統計年報を用い、中国、韓国とASEAN主要国（インドネシア、フィリピン、マレーシア、シンガポール、タイ、ベトナム）の推移について検証を行った。その結果、フィリピンやベトナムを除いて、全体としては日本からの高度人材の純流出が2000年代以降に増加していることが分かった。これは、米国から中国・インドへの高度人材の移動が増加したことと同様の現象が、日本とアジア新興国との関係においても起きている可能性を示唆している（付表2-2、付表2-3参照）。

このような高度人材の純流出の増加の問題が、これまで顕在化してこなかった背景としては、2000年代から急速に増加した留学生の卒業後の日本における就労が、外国高度人材の純流出を補うかたちになっていたことが一因であると考えられる。例えば、中国出身の在留資格「人文知識・国際業務」を有する者では2001年から2012年の間に1万2390人もの純流出が発生したが、同期間に4万3124人もの留学生が卒業後に日本で就職し、在留資格を「留学」から「人文知識・国際業務」へと変更したために純流出が補われるかたちとなっている。韓国出身の在留資格「人文知識・国際業務」を有する者でも、2001年から2012年の間に4634人の純流出が発生したが、同期間に8131人が在留資格を「留学」から「人文知識・国際業務」に変更したため、純流出が補われている。マレーシアやタイでも同様の現象が起きており、留学生の存在によって純流出の増加が顕在化してこなかったと考えられる（表2-1、表2-2参照）。

しかし、外国高度人材の純流出を、留学生の卒業後の日本での就労希望者によって補うという構造が持続可能であるかは不透明である。日本学生支援機構によれば、日本で学ぶ留学生数は1990年の4万5066人が2000年に6万4011人、2010年には14万1774人と右肩上がりに増加を続けていた。しかし、2011年以降は3年連続でその数が減少しており、今後も留学生の数が再び増加に転じるかは定かではない[2]。そのため、外国高度人材の純流出の増加が続

第2章 日本から新興国への高度人材移動に関する経済学的研究

表2－1. アジア各国の在留資格「人文知識・国際業務」純流出と留学生資格変更

(単位：人)

		2001年	2002年	2003年	2004年	2005年	2006年	2007年	2008年	2009年	2010年	2011年	2012年
中国	純流出	-34	496	456	661	1,112	1,142	1,319	1,468	-138	1,080	2,330	2,498
	留学生資格変更	1,328	1,244	1,547	2,378	3,180	4,573	5,651	5,852	4,694	3,593	3,993	5,091
	在留資格ストック	11,013	11,952	12,132	12,470	14,300	21,883	26,692	31,824	34,210	34,433	34,446	33,537
韓国	純流出	208	185	308	150	-442	189	228	380	429	702	1,427	870
	留学生資格変更	413	340	410	508	457	643	767	921	956	827	841	1,048
	在留資格ストック	2,595	3,223	3,509	3,656	4,181	6,176	6,926	8,647	8,962	9,233	9,166	9,755
インドネシア	純流出	1	-9	6	-2	-12	-8	18	10	23	11	25	34
	留学生資格変更	10	11	9	20	24	16	20	36	41	45	40	49
	在留資格ストック	82	89	107	115	141	195	199	226	239	253	297	327
フィリピン	純流出	1	-3	-6	-31	-7	-31	-39	-3	16	-14	2	-31
	留学生資格変更	17	12	13	9	12	18	14	17	19	18	14	15
	在留資格ストック	362	439	460	492	558	757	825	895	951	940	920	964
マレーシア	純流出	28	8	4	6	58	8	-3	16	4	38	17	12
	留学生資格変更	27	20	14	17	28	45	37	33	35	24	16	34
	在留資格ストック	224	286	298	291	288	333	354	384	401	374	346	355
シンガポール	純流出	7	7	0	-9	-26	-13	20	10	-297	-13	6	24
	留学生資格変更	3	2	5	1	6	8	7	8	2	3	11	11
	在留資格ストック	97	119	146	149	174	243	226	253	222	219	221	229
タイ	純流出	13	10	9	19	1	28	26	10	4	46	36	38
	留学生資格変更	15	24	32	31	30	36	51	64	58	66	61	96
	在留資格ストック	138	154	167	178	206	293	322	365	413	432	459	544
ベトナム	純流出	1	-26	5	12	-10	-4	2	23	-422	33	40	-1
	留学生資格変更	3	7	12	23	30	43	67	77	78	76	122	148
	在留資格ストック	54	71	104	112	136	256	331	449	497	550	639	807

出所：法務省「出入国管理統計年報」（各年次）、財団法人入管協会「在留外国人統計」（各年次）をもとに筆者作成
注：純流出がマイナスとなっている年度は入国者数が出国者数を上回っていることを意味する

第Ⅱ部　新興国の台頭と東アジア域内における国際的な人の移動

表2-2. アジア各国の在留資格[技術] 純流出と留学生資格変更

(単位：人)

国	項目	2001年	2002年	2003年	2004年	2005年	2006年	2007年	2008年	2009年	2010年	2011年	2012年
中国	純流出	-604	92	21	-384	-642	-1,725	-2,308	-1,209	1,237	985	1,708	1,028
	留学生資格変更	626	446	496	772	781	1,137	1,613	1,510	1,305	802	918	1,329
	在留資格ストック	10,334	11,382	11,433	11,079	11,981	17,634	23,247	27,665	27,166	25,105	22,486	20,924
韓国	純流出	-155	-52	68	-124	-1,253	-515	-717	15	448	659	1,006	487
	留学生資格変更	169	124	161	170	170	179	222	271	290	199	209	202
	在留資格ストック	1,537	2,175	2,682	3,019	3,623	6,176	7,733	8,647	8,015	7,050	5,828	5,367
インドネシア	純流出	-7	-12	-2	8	-21	-11	-11	-42	19	17	-57	8
	留学生資格変更	19	15	19	27	14	24	32	27	37	18	32	40
	在留資格ストック	113	139	155	184	221	311	371	436	455	437	542	662
フィリピン	純流出	-77	-18	-30	-97	-231	-203	-99	-51	143	38	16	-24
	留学生資格変更	9	8	11	17	7	13	18	14	8	8	4	10
	在留資格ストック	603	706	759	789	929	1,579	2,004	2,276	2,118	1,968	1,923	1,934
マレーシア	純流出	16	15	34	16	15	-12	23	32	41	79	-13	94
	留学生資格変更	30	22	14	38	38	65	78	93	66	31	43	65
	在留資格ストック	232	280	276	233	260	425	489	570	610	595	613	669
シンガポール	純流出	17	8	-4	0	-35	-6	-4	-19	457	13	8	-6
	留学生資格変更	0	0	0	1	0	2	2	1	0	1	1	0
	在留資格ストック	53	60	58	47	56	99	110	146	126	110	101	109
タイ	純流入	20	-7	16	-60	48	-21	41	20	340	46	12	-5
	留学生資格変更	11	13	10	14	8	16	19	17	23	24	31	55
	在留資格ストック	72	106	117	113	213	243	238	233	255	232	254	331
ベトナム	純流出	-22	-2	-1	-43	-102	-276	-594	-461	-1,066	44	-70	-395
	留学生資格変更	9	6	8	20	25	32	48	82	62	66	100	117
	在留資格ストック	43	79	91	125	197	790	1,536	2,229	2,188	2,183	2,382	2,985

出所：法務省「出入国管理統計年報」(各年次)、財団法人入管協会「在留外国人統計」(各年次)をもとに筆者作成

注：純流出がマイナスとなっている年度は入国者数が出国者数を上回っていることを意味する

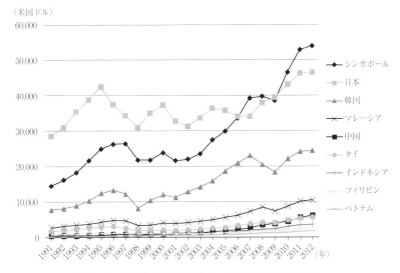

図2-2. アジア各国の国民一人当たり GDP 推移
出所：世界銀行 Open Data「GDP per Capita」をもとに筆者作成

いている背景についての検証が急務であるといえる。

　次にアジア各国の経済状況に関して概観する。世界銀行によれば、日本のアジア各国の国民一人当たり GDP（米国ドル）は1991年の時点では、2万8541ドルとシンガポールの1万4505ドルの約2倍、韓国の7676ドルの約3倍であり、マレーシアの2676ドル、タイの1718ドル、中国の330ドルと大きな開きがあった。しかし、2012年になると、日本の国民一人当たり国内総生産（米国ドル）が4万6548ドルであるのに対し、シンガポールは5万4007ドルと日本を上回り、韓国も2万4454ドルと、かつて3倍あった差は半分にまで縮まっている。さらに、マレーシアの1万432ドル、中国の6093ドル、タイの5480ドルとアジア各国が着実に経済成長を遂げていることが分かる。なお世界経済危機後も日本の国民一人当たり GDP（米国ドル）が増加しているように、為替レートの影響については留意する必要がある（図2-2参照）。

表2−3. アジア各国のGDP成長率推移

	1991年	1992年	1993年	1994年	1995年	1996年	1997年	1998年	1999年	2000年	2001年
中国	3.8	9.2	14.2	14.0	13.1	10.9	10.0	9.3	7.8	7.6	8.3
ベトナム	6.0	8.6	8.1	8.8	9.5	9.3	8.2	5.8	4.8	6.8	6.2
シンガポール	6.7	7.1	11.5	10.9	7.0	7.5	8.3	-2.2	6.1	8.9	-1.0
マレーシア	9.5	8.9	9.9	9.2	9.8	10.0	7.3	-7.4	6.1	8.9	0.5
韓国	9.7	5.8	6.3	8.8	8.9	7.2	5.8	-5.7	10.7	8.8	4.5
インドネシア	8.9	7.2	7.3	7.5	8.4	7.6	4.7	-13.1	0.8	4.9	3.6
タイ	8.6	8.1	8.3	9.0	9.2	5.9	-1.4	-10.5	4.4	4.8	2.2
フィリピン	-0.6	0.3	2.1	4.4	4.7	5.8	5.2	-0.6	3.1	4.4	2.9
日本	3.3	0.8	0.2	0.9	1.9	2.6	1.6	-2.0	-0.2	2.3	0.4

出所：The World Bank: GDP growth (annual %)をもとに筆者作成

　またGDP成長率に関して、1991年から2012年の平均成長率は日本が0.9％なのに対し、中国が10.1％、ベトナムが7.0％、シンガポールが6.3％、マレーシアが5.9％、韓国が5.3％、インドネシアが5.0％、フィリピンが4.0％といずれも日本を大きく上回っている。アジア通貨危機があった1998年にはインドネシアが-13.1％、タイが-10.5％、マレーシアが-7.4％と落ち込んだが、その後は再び、回復している。世界経済をリーマンショックが襲った時期にも、2009年に日本のGDP成長率は-5.5％と落ち込んだが、2009年のタイのGDP成長率が-2.3％、マレーシアが-1.5％、シンガポールが-0.6％と軽微な影響に留まっており、日本を除くアジア地域が着実に経済成長を遂げていることが分かる（表2-3参照）。

　次に人口動態に関しては、人口では中国の13億5069万人が突出しており、次いでインドネシアが2億4686万人、日本が1億2756万人、フィリピンが9671万人、ベトナムが8877万人、タイが6679万人、韓国が5000万人、シンガポールが513万人と国によって大きな差がある（世界銀行, 2012）。

　総人口に占める労働力人口（15～64歳）比率では、日本は1991年の約70％から右肩下がりで減少しており、2012年には62.5％にまで減少した。中国は

第 2 章　日本から新興国への高度人材移動に関する経済学的研究

(単位：%)

2002年	2003年	2004年	2005年	2006年	2007年	2008年	2009年	2010年	2011年	2012年	平均
9.1	10.0	10.1	11.3	12.7	14.2	9.6	9.2	10.4	9.3	7.7	10.1
6.3	6.9	7.5	7.5	7.0	7.1	5.7	5.4	6.4	6.2	5.2	7.0
4.2	4.4	9.5	7.5	8.9	9.1	1.8	-0.6	15.2	6.1	2.5	6.3
5.4	5.8	6.8	5.3	5.6	6.3	4.8	-1.5	7.4	5.1	5.6	5.9
7.4	2.9	4.9	3.9	5.2	5.5	2.8	0.7	6.5	3.7	2.3	5.3
4.5	4.8	5.0	5.7	5.5	6.3	6.0	4.6	6.2	6.5	6.3	5.0
5.3	7.1	6.3	4.6	5.1	5.0	2.5	-2.3	7.8	0.1	7.7	4.4
3.6	5.0	6.7	4.8	5.2	6.6	4.2	1.1	7.6	3.6	6.8	4.0
0.3	1.7	2.4	1.3	1.7	2.2	-1.0	-5.5	4.7	-0.5	1.4	0.9

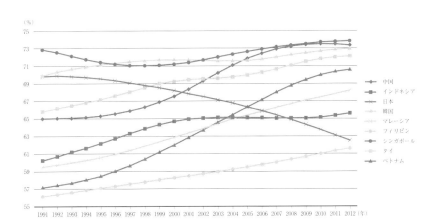

図 2-3．アジア各国の労働力人口（15～64歳）比率推移
出所：世界銀行 Open Data「population ages 15-64（% of total）」をもとに筆者作成

53

2010年と2011年の73.5％をピークとして2012年には減少に転じてはいるが、それまでは順調に増加をしている。その他の国の労働力人口比率も順調に増加しており、15歳以下人口の比率が高かったフィリピンに関しても順調に増加している（図2-3参照）。

Bloom & Williamson（1998）は東アジアの奇跡と呼ばれた経済成長に関して人口動態の観点から分析を行い、経済的に活動できる年齢層の増加による「人口配当」が成長に大きく寄与していると指摘している。つまりアジア新興国は人口動態の観点からも非常に有望であり、世界の市場として世界経済における重要性を増していくと考えられる。

4. 日本から新興国への高度人材移動に関する理論的考察

前節で論じたように、日本のGDP per Capitaはアジア地域において高水準であるにもかかわらず、日本からアジア新興国への人材移動が起こっている。そして、その背景には、急速に成長するアジア新興国経済の台頭が影響している可能性がある。そこで、日本から自らの出身国である新興国への高度人材の移動を理論的に考察するために、井口（2001）の「就業確率」を用いた国際移動のモデルを援用し、日本と新興国における期待報酬の違いについて分析した。新興国での期待報酬は、

$$Ep = \sum_{t=0}^{n} \frac{W_a (1+G)^t}{(1+R)^t}$$

となる。ここでW_aは新興国での賃金、Rは時間選好率、Gは新興国の賃金増加率であり、$G \geq 0$と仮定する。

日本での期待報酬は出身国よりも就業確率が低いと考えられるため、1－失業率（U）と仮定する。また、日本の賃金増加率はゼロと仮定する。そのため、日本での期待報酬は、

$$\mathrm{Eq} = \sum_{t=0}^{n} \frac{W_b\,(1+A)^t\,(1-U)}{(1+R)^t}$$

となる。

ここでは、W_b は日本での賃金、R は時間選好率、A は日本の賃金増加率である。時間選好率も日本と新興国では一定と仮定する。日本から新興国への移動コストを C とした場合、日本から新興国への人材移動が発生するための条件は、

Sn = Ep − Eq − C
Sn > 0

となる。

A = 0 と仮定し、C は無視できるものとする。

$$\mathrm{Sn} = \frac{W_a\left\{\left(\frac{1+G}{1+R}\right)^{n+1}-1\right\}}{\left(\frac{1+G}{1+R}\right)-1} - \frac{W_b(1-u)\left\{\left(\frac{1}{1+R}\right)^{n+1}-1\right\}}{\left(\frac{1}{1+R}\right)-1}$$

となるため、

$$\frac{\left(\frac{1+G}{1+R}\right)^{n+1}-1}{\left(\frac{1+G}{1+R}\right)-1} > \frac{W_b}{W_a}(1-u)\left\{\frac{1-\left(\frac{1}{1+R}\right)^{n+1}}{1-\left(\frac{1}{1+R}\right)}\right\}$$

の時に成り立つ。例えば、新興国と日本の賃金格差 ($\frac{W_b}{W_a}$) を5倍、日本での就業確率を95％（失業率5％）、時間選好率は1％、新興国に15年以上滞在すると仮定した場合、新興国の成長率が9％以上であれば、新興国の期待報酬は日本での期待報酬を上回り、日本から新興国への移動が発生すると考えられる。

次に、上記モデルを概念的に理解するための仮説図を図2−4に示す。新興

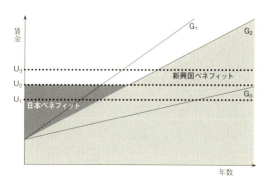

図2−4. 日本と新興国の高度人材移動に関する仮説図

国の期待報酬は、新興国における賃金増加率 G が高いほど増加するため、G1 ＞ G2 ＞ G3 と仮定する。また、日本での期待報酬は就業確率が高いほど（失業率 U が低いほど）増加するため、U1 ＞ U2 ＞ U3 と仮定し、日本の賃金は一定と考えた場合、図2-4 のようになる。

5. 計量モデル

本節では、前節の理論的考察をふまえ、日本からの外国高度人材（Y_1「人文知識・国際業務」Y_2「技術」）の出国者数を被説明変数として、その決定要因に関する計量的分析をマクロデータを用いて行う。データは財務省『財政金融統計月報』、世界銀行統計、中国国家統計局発行『中国統計年鑑』、アジア開発銀行発行『Key Indicators for ASIA and the Pacific』、ならびに法務省「出入国管理統計」の 1992〜2012 年の 21 年間分のデータをそれぞれ用いる[3]。対象国は、本章第3節で経済動向を概観した国々から、一人当たり GDP で日本を上回っているシンガポールを除く、中国、韓国、インドネシア、フィリピン、マレーシア、タイ、ベトナムの合計7カ国とした。推定は最小二乗法による。計量方程式、被説明変数、説明変数及び仮説は以下の通り。

$$Y = a_0 + a_1 X_1 + a_2 X_2 + a_3 X_3 + a_4 X_4 + a_5 X_5 + u$$

Y_1：出国人数（人文知識・国際業務）

Y_2：出国人数（技術）

X_1：出身国 GDP 成長率

X_2：日本 GDP 成長率

X_3：出身国失業率

X_4：日本失業率

X_5：対外直接投資

u　：誤差項

　第1の仮説：出身国の GDP 成長率が上昇すると、出身国に帰国した場合に得られる期待報酬が高まることから、日本から出身国への人材移動が増加する可能性がある。

　第2の仮説：日本の GDP 成長率が上昇すると、日本で得られる期待報酬が増加するため、日本から出身国への人材移動が減少する可能性がある。

　第3の仮説：出身国の失業率が上昇すると、出身国で得られる期待報酬が減少するため、日本から出身国への人材移動が減少する可能性がある。

　第4の仮説：日本の失業率が上昇すると、日本で得られる期待報酬が減少するため、日本から出身国への人材移動が増加する可能性がある。

　第5の仮説：日本から出身国への対外直接投資が増加すると、出身国で得られる期待報酬が増加するため、日本から出身国への人材移動が増加する可能性がある。

6．計量分析の結果

　最小二乗法による多変量解析の推定結果は表2-4の通りである。

　第1の仮説通り、出身国の GDP 成長率が上昇すると、出身国に帰国した場

表2-4. 日本から新興国への移動に関する計量分析推定結果

説明変数＼被説明変数	人文知識・国際業務			技術		
	係数	T-Value	有意確率	係数	T-Value	有意確率
母国GDP成長率	806.1***	3.372	0.000	424.9***	3.298	0.001
日本GDP成長率	-766.1**	-2.020	0.047	-527.5**	-2.332	0.022
失業率	-4.7	-0.017	0.965	6.15	0.379	0.728
日本失業率	2268.0***	2.786	0.006	1595.7***	3.285	0.001
対外直接投資	6.36***	15.842	0.000	0.351***	14.681	0.000
定数項	-14999.6***	-3.804	0.000	-9378.7***	-3.987	0.000
自由度調整済R^2	0.696			0.663		
サンプル数	147			147		

注：*** は1％水準で有意、** は5％水準で有意

合に得られる期待報酬が高まることから、日本から出身国への高度人材の移動が増加することが確認された。

第2の仮説通り、日本のGDP成長率が上昇すると、日本で得られる期待報酬が増加するため、日本から出身国への人材移動が減少することについても確認された。

日本の失業率が上昇すると、日本で得られる期待報酬が減少するため、日本から出身国への人材移動が増加するという第4の仮説についても統計的に有意な結果となった。

第3の仮説の出身国の失業率については統計的に有意な結果を示さなかった。この点については、各国の経済発展が十分に進んでいない段階において、失業給付などの社会保障制度の整備が十分でなく、失業率が各国の労働市場の実態を十分に反映できていないことの影響があるのではないかと考えられる。

また、日本から出身国への対外直接投資が増加することによって、出身国での期待報酬が増加し、日本から出身国への人材移動が増加するという第5の仮説についても、仮説通りの結果となった。

統計分析によるファインディングのまとめは以上の通りであり、日本から新興国へ高度人材が移動する傾向は、これらの諸要因が複合された結果として生じていると考えられる。

7. 結論と今後の展望

上記のマクロ経済データの統計的分析から、①2000年代以降、外国高度人材の日本からの純流出が発生していること、②留学生が卒業後の日本での就労が外国高度人材の純流出を補うかたちとなっていること、③新興国の経済成長などに伴う、新興国での期待報酬の増加により、日本から新興国への高度人材の移動が増加することが明らかとなった。

2030年にアジア地域のGDPは世界経済の40％を占めることが予想されており、今後も世界経済におけるアジア新興国の影響力の増加が見込まれる。こうした状況において、アジアにおける新たなビジネスを生み出す源泉となる可能性がある留学生や外国高度人材を日本に引きつけ、引き留めることが求められる。特に留学生については、卒業後の日本での就労が高度人材の純流出を補う役割を果たしている。よって高等教育においては、今後、さらに優秀な留学生が日本への留学を希望するようになるために、国際水準の教育を提供するよう大学改革を推進していく必要がある。また、企業においては、日本人を中心とした画一的な制度から、グローバルな視点での、能力・成果に応じた柔軟な処遇への転換などを通じ、日本における期待報酬を高めることも検討する必要があるだろう。

【注】
1 本章は、関西学院大学産業研究所編『産研論集』に佐伯（2015a）として掲載された論文を基礎としている。
2 2011年度以降の外国人留学生在籍調査は、高等教育機関に在籍する外国人留学生数に加え、日本語教育機関に在籍する外国人留学生数を含めた統計も存在するが、本章では高等

教育機関に在籍する外国人留学生数を使用する。
3 　同期間にはアジア通貨危機や世界経済危機が発生した時期が含まれ、各国は異なる影響を受けている。各国と日本の間における在留資格「人文知識・国際業務」と「技術」の純流出の変化については付表2－1、付表2－2、付表2－3を参照のこと。

付表2−1. 在留資格「人文知識・国際業務」「技術」の数の推移（1991〜2012年）

（単位：人）

		1990年	1991年	1992年	1993年	1994年	1995年	1996年	1997年	1998年	1999年	2000年
人文・国際	入国	22,956	37,664	46,422	52,766	59,108	63,888	71,107	76,327	80,743	84,984	88,652
	出国	23,607	36,886	45,997	52,302	58,447	62,878	69,145	73,760	78,279	83,481	86,674
	純流出	651	-778	-425	-464	-661	-1,010	-1,962	-2,567	-2,464	-1,503	-1,978
技術	入国	3,753	9,282	12,988	14,981	18,836	21,263	24,893	29,073	32,890	33,928	35,209
	出国	3,490	8,064	12,090	15,256	19,238	21,156	24,530	28,223	31,729	32,908	34,442
	純流出	-263	-1,218	-898	275	402	-107	-363	-850	-1,161	-1,020	-767

2001年	2002年	2003年	2004年	2005年	2006年	2007年	2008年	2009年	2010年	2011年	2012年
92,515	101,178	98,312	112,828	126,137	132,843	142,643	144,478	145,217	147,215	159,786	152,834
92,733	102,196	99,287	114,705	126,931	134,103	145,134	147,211	147,498	149,643	164,805	157,153
218	1,018	975	1,877	794	1,260	2,491	2,733	2,281	2,428	5,019	4,319
36,994	40,446	39,013	47,836	56,127	66,929	81,121	87,214	82,514	78,494	87,557	78,921
36,272	40,700	39,502	47,459	54,118	64,476	77,509	86,093	85,560	80,862	90,830	80,735
-722	254	489	-377	-2,009	-2,453	-3,612	-1,121	3,046	2,368	3,273	1,814

出所：法務省「出入国管理統計年報」（各年次）をもとに筆者作成

付表2-2. アジア各国の在留資格「人文知識・国際業務」「技術」出入国者数と純流出の推移

	年度		1991年	1992年	1993年	1994年	1995年	1996年	1997年	1998年	1999年	2000年
中国	人文・国際	入国	4,653	6,973	10,723	15,691	19,617	23,940	25,824	26,543	27,544	27,269
		出国	4,724	7,062	10,783	15,921	19,328	23,521	24,913	25,738	26,716	26,363
		純流出	71	89	60	230	-289	-419	-911	-805	-828	-906
	技術	入国	1,922	3,151	4,340	6,049	7,996	10,149	11,855	13,906	14,622	15,139
		出国	1,067	2,585	4,507	6,451	8,087	9,921	11,373	13,177	13,934	14,571
		純流出	-855	-566	167	402	91	-228	-482	-729	-688	-568
韓国	人文・国際	入国	3,149	4,012	4,719	5,282	5,718	6,564	6,920	7,593	8,455	9,334
		出国	3,180	4,074	4,810	5,351	5,836	6,786	6,965	7,476	8,522	9,409
		純流出	31	62	91	69	118	222	45	-117	67	75
	技術	入国	1,394	1,992	2,056	1,581	1,684	1,744	2,055	2,813	4,175	4,552
		出国	1,319	1,953	2,051	1,598	1,699	1,742	2,004	2,710	3,968	4,342
		純流出	-75	-39	-5	17	15	-2	-51	-103	-207	-210
台湾	人文・国際	入国	3,862	4,124	4,192	4,234	4,308	4,207	4,250	4,382	4,508	4,411
		出国	3,868	4,263	4,253	4,309	4,370	4,233	4,265	4,343	4,467	4,358
		純流出	6	139	61	75	62	26	15	-39	-41	-53
	技術	入国	637	816	863	914	1,013	942	1,040	1,067	1,101	1,296
		出国	661	835	888	946	968	909	1,006	1,042	1,077	1,216
		純流出	24	19	25	32	-45	-33	-34	-25	-24	-80
インド	人文・国際	入国	350	332	353	366	391	443	511	643	747	834
		出国	371	319	372	362	379	431	503	610	728	828
		純流出	21	-13	19	-4	-12	-12	-8	-33	-19	-6
	技術	入国	74	216	345	496	688	893	1,268	1,618	1,813	1,940
		出国	64	200	287	492	651	840	1,144	1,514	1,757	1,940
		純流出	-10	-16	-58	-4	-37	-53	-124	-104	-56	0
インドネシア	人文・国際	入国	61	77	70	82	74	99	112	95	151	193
		出国	55	77	79	79	72	101	109	92	142	204
		純流出	-6	0	9	-3	-2	2	-3	-3	-9	11
	技術	入国	32	67	60	62	58	74	120	122	174	210
		出国	36	59	66	67	57	79	121	126	175	223
		純流出	4	-8	6	5	-1	5	1	4	1	13

出所:法務省「出入国管理統計年報」(各年次)をもとに筆者作成

第 2 章　日本から新興国への高度人材移動に関する経済学的研究

(単位：人)

2001年	2002年	2003年	2004年	2005年	2006年	2007年	2008年	2009年	2010年	2011年	2012年
26,886	28,986	27,186	34,543	36,996	48,480	56,257	60,890	63,927	65,570	70,567	65,434
26,852	29,482	27,642	35,204	38,108	49,622	57,576	62,358	63,789	66,650	72,897	67,932
-34	496	456	661	1,112	1,142	1,319	1,468	-138	1,080	2,330	2,498
16,017	17,486	16,296	20,875	21,190	28,102	34,788	38,724	37,694	35,805	39,666	34,571
15,413	17,578	16,317	20,491	20,548	26,377	32,480	37,515	38,931	36,790	41,374	35,599
-604	92	21	-384	-642	-1,725	-2,308	-1,209	1,237	985	1,708	1,028
10,061	11,476	11,915	13,934	18,065	18,808	20,816	22,911	24,613	25,239	29,486	30,156
10,269	11,661	12,223	14,084	17,623	18,997	21,044	23,291	25,042	25,941	30,913	31,026
208	185	308	150	-442	189	228	380	429	702	1,427	870
5,368	7,014	7,435	9,078	13,761	15,134	18,348	19,504	18,499	16,271	16,872	14,385
5,213	6,962	7,503	8,954	12,508	14,619	17,631	19,519	18,947	16,930	17,878	14,872
-155	-52	68	-124	-1,253	-515	-717	15	448	659	1,006	487
4,373	4,959	4,480	5,483	6,037	6,277	6,898	7,723	7,982	8,722	9,647	10,103
4,446	5,051	4,551	5,607	5,842	6,360	6,972	7,751	8,051	8,797	9,833	10,290
73	92	71	124	-195	83	74	28	69	75	186	187
1,430	1,082	934	1,210	1,160	1,415	1,502	1,623	1,610	1,823	2,190	2,043
1,378	1,118	952	1,223	1,118	1,430	1,520	1,627	1,641	1,824	2,228	2,111
-52	36	18	13	-42	15	18	4	31	1	38	68
936	1,113	1,155	1,345	1,608	1,524	1,727	1,669	1,459	1,488	1,838	1,561
894	1,108	1,179	1,363	1,604	1,554	1,759	1,725	1,500	1,546	1,908	1,571
-42	-5	24	18	-4	30	32	56	41	58	70	10
2,106	2,644	2,756	3,156	3,894	4,521	5,559	5,409	4,408	4,395	5,675	4,766
2,116	2,729	2,967	3,369	4,129	4,888	5,750	5,922	5,121	4,724	6,001	5,009
10	85	211	213	235	367	191	513	713	329	326	243
210	222	213	279	345	328	342	354	318	394	563	658
211	213	219	277	333	320	360	364	341	405	588	692
1	-9	6	-2	-12	-8	18	10	23	11	25	34
223	223	256	349	480	509	581	635	631	657	874	1,110
216	211	254	357	459	498	570	593	650	674	817	1,118
-7	-12	-2	8	-21	-11	-11	-42	19	17	-57	8

付表2－3．アジア各国の在留資格「人文知識・国際業務」「技術」出入国者数と純流出の推移

年度			1991年	1992年	1993年	1994年	1995年	1996年	1997年	1998年	1999年	2000年
フィリピン	人文・国際	入国	454	508	528	564	667	666	660	625	724	782
		出国	427	482	543	557	647	670	639	601	693	769
		純流出	-27	-26	15	-7	-20	4	-21	-24	-31	-13
	技術	入国	577	925	902	971	951	976	1,076	1,114	1,123	1,138
		出国	431	835	929	923	936	976	1,064	1,060	1,105	1,087
		純流出	-146	-90	27	-48	-15	0	-12	-54	-18	-51
マレーシア	人文・国際	入国	427	443	457	410	481	520	542	605	633	636
		出国	439	469	494	437	514	569	559	612	628	637
		純流出	12	26	37	27	33	49	17	7	-5	1
	技術	入国	332	420	397	378	383	400	431	463	498	654
		出国	346	471	415	425	400	434	450	453	505	682
		純流出	14	51	18	47	17	34	19	-10	7	28
シンガポール	人文・国際	入国	229	226	262	229	248	224	209	250	326	368
		出国	227	222	267	227	227	219	200	233	332	369
		純流出	-2	-4	5	-2	-21	-5	-9	-17	6	1
	技術	入国	166	180	182	199	123	266	150	160	148	213
		出国	166	184	181	212	115	264	154	168	144	201
		純流出	0	4	-1	13	-8	-2	4	8	-4	-12
タイ	人文・国際	入国	181	203	176	167	161	174	151	212	272	280
		出国	187	206	178	171	160	181	153	210	279	279
		純流出	6	3	2	4	-1	7	2	-2	7	-1
	技術	入国	138	179	137	130	121	98	99	140	190	165
		出国	121	178	170	129	131	105	94	145	176	181
		純流出	-17	-1	33	-1	10	7	-5	5	-14	16
ベトナム	人文・国際	入国	13	17	4	8	20	29	49	48	49	96
		出国	16	13	4	8	17	33	48	43	48	97
		純流出	3	-4	0	0	-3	4	-1	-5	-1	1
	技術	入国	1	2	4	11	15	11	9	27	25	37
		出国	0	2	1	12	11	15	13	22	24	29
		純流出	-1	0	-3	1	-4	4	4	-5	-1	-8

出所：法務省「出入国管理統計年報」（各年次）をもとに筆者作成

(単位:人)

2001年	2002年	2003年	2004年	2005年	2006年	2007年	2008年	2009年	2010年	2011年	2012年
852	917	938	1,026	1,127	1,219	1,246	1,199	1,360	1,382	1,442	1,360
853	914	932	995	1,120	1,188	1,207	1,196	1,376	1,368	1,444	1,329
1	-3	-6	-31	-7	-31	-39	-3	16	-14	2	-31
1,277	1,389	1,509	1,722	2,172	2,577	3,073	3,315	3,220	3,079	3,483	3,356
1,200	1,371	1,479	1,625	1,941	2,374	2,974	3,264	3,363	3,117	3,499	3,332
-77	-18	-30	-97	-231	-203	-99	-51	143	38	16	-24
722	880	807	886	1,031	1,067	1,098	999	1,072	1,078	1,123	1,035
750	888	811	892	1,089	1,075	1,095	1,015	1,076	1,116	1,140	1,047
28	8	4	6	58	8	-3	16	4	38	17	12
655	591	499	573	679	860	1,124	1,258	1,343	1,348	1,707	1,726
671	606	533	589	694	848	1,147	1,290	1,384	1,427	1,694	1,820
16	15	34	16	15	-12	23	32	41	79	-13	94
453	508	566	682	993	975	976	983	803	841	1,000	969
460	515	566	673	967	962	996	993	821	828	1,006	993
7	7	0	-9	-26	-13	20	10	18	-13	6	24
221	200	179	218	426	349	441	458	364	340	342	361
238	208	175	218	391	343	437	439	379	353	350	355
17	8	-4	0	-35	-6	-4	-19	15	13	8	-6
310	370	415	561	599	734	776	819	904	971	1,168	1,250
323	380	424	580	600	762	802	829	908	1,017	1,204	1,288
13	10	9	19	1	28	26	10	4	46	36	38
185	227	270	420	482	594	587	657	587	602	734	796
205	220	286	360	530	573	628	677	927	648	746	791
20	-7	16	-60	48	-21	41	20	340	46	12	-5
107	137	150	207	253	403	531	693	770	900	1,108	1,307
108	111	155	219	243	399	533	716	766	933	1,148	1,306
1	-26	5	12	-10	-4	2	23	-4	33	40	-1
67	70	123	210	348	797	1,533	2,083	1,832	2,020	2,628	3,046
45	68	122	167	246	521	939	1,622	2,006	2,064	2,558	2,651
-22	-2	-1	-43	-102	-276	-594	-461	174	44	-70	-395

第3章
ASEAN経済統合下における日系企業の人材現地化及び人材移動に関する経済学的考察[1]

1. 問題の所在

　本章はASEANの地域経済統合の進展を重要な背景に、(1) 現地に進出した日系企業における人材移動の動向を理論的及び実証的に分析し、(2) ASEAN地域における大卒人材の需給をマッチングさせる諸要因を理論的及び実証的に分析することを通じ、日系企業がASEAN諸国の経済・社会に受け入れられ、長期に持続的な発展を実現するとの視点から、長年の懸案とされてきた日系企業の人材現地化について新たな方策を提言することを目的とする。

　急速な経済成長を続ける新興国経済は、今世紀になって世界経済における存在感を急速に高めている。このうち中国では、2010年代に入り、環境や人口動態の面で経済成長への制約が顕在化している。これに対し、ASEAN地域の存在感が次第に大きくなっている。加えてASEANにおいては、2015年末にASEAN経済共同体が発足した。

　従来、低所得・中所得国は、生産拠点として位置づけられることが多かった。しかし近年、中間所得層の増加によって消費市場としての重要性が増している。特にインドネシアでは、中間層の所得向上とともに国内では空前の消費ブームが続いている。

　こういった状況のもと、低所得・中所得国の消費ニーズを反映しつつ、比較的低価格で製品・サービスを提供するための技術革新（Reverse Innovation：リバース・イノベーション[2]）への注目も高まっている。

そもそも日本企業の ASEAN 進出は 1960 年代後半にまでさかのぼる。かつて、ASEAN 諸国は一国一国が単独の市場であった。しかし 1990 年代になって複数の ASEAN 諸国にまたがる生産ネットワークが形成され、域内の工程間分業が進展し、ASEAN 経済共同体の経済的基盤が形成されてきたと考えられる。とはいえ、長年にわたり、ASEAN 進出企業の製品・サービスは最終消費市場である欧米諸国に輸出されてきた。

ASEAN 経済共同体が形成され、その域内の生産ネットワークが効率化され、域内関税や非関税障壁などが廃止されると、最終消費市場としての ASEAN の重要性は一層大きくなってくると考えられる。

一方、ASEAN 域内の日系企業が、地域経済統合の進む ASEAN 各国の経済・社会において域内企業として受け入れられ、内外の企業との熾烈な競争の中で長期的に事業を発展させるには、依然として課題が山積している。

その中で、日系企業が長年解決できなかった最大の問題は、経営現地化である。経営の現地化は、日本からの直接投資で設立された現地法人が、日本から移転された経営資源のみに依存するのではなく、当該地域に適合した経営及び研究開発のノウハウ、資本、機械・設備、人材などを維持し、開発していくことを意味する。

特に、人材の現地化は日系企業では欧米系企業と比べて顕著に遅れているとして 1980 年代から問題とされてきた。例えば、現地従業員に占める日本からの派遣者の比率や、現地法人の重要なポジションに占める日本人人材の比率を見ると、日系企業ではいずれの場合も欧米系企業と比べて顕著に高いとされた（石田, 1999）。

人材の現地化が遅い理由については様々な説明がなされてきた。ASEAN 進出の日本企業は、日本本社・本社工場から現地に様々な技術を移転している。このため、現地従業員を日本に派遣して研修を受けさせる仕組みが機能している。

人材の現地化が遅れると、日本からの派遣者の人件費が増大し、企業の海外展開のコストは膨張してしまう。しかしながら、日本から現地への技術移転

ニーズが高まると、現地人材を日本に派遣して行う研修や、現地での人材養成だけでは追いつかなくなってしまう。このため、日系企業では、現地法人としての操業期間が長くなれば、本来は日本からの派遣者を減少させるのが合理的であるはずである。しかし、実際には、日本人の長期派遣者の現地従業員に占める比率が高くなるケースも見られた（永野, 1992）。

こうした中で、1990年代以降、ASEAN諸国でも少子化と高学歴化が進み、現地では大卒人材が増加してきた。しかし、現地の日系企業においては、現地で増加する大卒人材を採用しても、現地進出の欧米系企業に人材を引き抜かれ、十分に人材を活かすことができない実態がある。さらに、これに対する抜本的な解決策は、いまだに見つかっていない（井口, 1997; 白木, 1995）。

そうした状況をふまえ、日本とASEANの高等教育機関の間では、新たな連携を目指す動きが本格化している。例えば、文部科学省「キャンパス・アジア」事業[3]の一環の官民学連携プロジェクトとして、ASEAN諸国の大学に学ぶ外国籍学生とグローバル化する日本企業のニーズのマッチングを目指す試みとしての「ASEAN Career Fair with Japan」が2013年より開催されている[4]。

よって、本章では、先行文献をふまえつつ、以下の考察を行う。

第1に、日系企業の海外進出と海外現地雇用の動向に関して統計データと先行研究を用いて検証する。

第2に、ASEAN諸国に進出した日系企業における日本からの派遣人材の現地従業員に対する比率の決定要因に関して理論的な検討を行い、マクロデータを用いた実証的な分析を行う。

第3に、ASEAN地域における大卒人材の需給をマッチングさせる諸要因の理論的な検討を行い、マイクロデータを用いてASEANの人材の雇用に関する計量分析を行う。

最後に、以上の分析と検討の結果をふまえて、ASEAN地域における日系企業の現地人材の確保と人材移動を通じた人材現地化についての提言を行う。

2. 先行研究

　日系企業の海外における事業展開とそれに伴う課題に関しては、国際的な人の移動との密接な関係から、経営学、経済学だけでなく、社会学などの多様な分野において進められてきた。例えば、Cohen（2008）はグローバル化の中で、多国籍企業の活動及び新たな国際分業がダイアスポラ研究と重要な関係があることを指摘している。そして、多国籍企業が世界経済と国際的な人の移動に与える影響の大きさを認めつつ、血縁関係などの強い絆をもつダイアスポラの存在による経済的取引の円滑化などのネットワークの重要性について言及している。

　Kotkin（1993）は貿易拡大と企業の海外進出によって、日本から海外へ進出する日本人の増加について言及し、日系企業と日本人の海外進出を「計画的ダイアスポラ（Diaspora by Design）」と定義している。日系企業の海外進出が、世界経済に与えた影響の大きさについて指摘するとともに、海外に派遣されている社員とその家族が、現地社会とは距離を保ち、現地の日本人コミュニティを中心として生活していると指摘している。

　また、Castles & Miller（2005=2011）は移民が人材の送り出し国と受け入れ国の発展に与える影響について議論を展開し、グローバル化と国際的な人の移動の密接な関係について言及している。

　井口（1997）は、多国籍企業が経営現地化を推進することが、投資受け入れ国の地域経済の利益になるだけでなく、多国籍企業にとっても、①現地に密着した効率的な経営による投資収益の確保、②現地人材の積極活用による優秀な現地人材の確保という利益があることを指摘している。

　日系企業の現地化に関し、白木（1995）は日系企業が高学歴人材の採用と定着について、欧米企業に対して比較劣位となっている実態をインドネシアで実施した調査データを用いて明らかにしている。Kopp（1994）も日系企業と欧米企業の比較研究を行い、日本人中心のマネジメント体制が原因で、欧米企業に

比べ、日系企業は高度人材の採用と定着に問題を抱えていると指摘している。

萩原（2013）は中国、韓国、インド、タイ、マレーシア、インドネシア、ベトナム、米国、日本の8カ国の大卒者を対象に行った調査において、「賃金への不満」が日本以外の国では大きな初職の離職理由になっていることを指摘し、日本の大卒人材と他国の大卒人材との仕事選びにおける重視項目の違いについて言及している。

Govindarajan & Ramamurti（2011）は、リバース・イノベーションの観点から、途上国の現地顧客への理解が深いことが、途上国の現地ニーズを反映した技術革新や新たな価値を生み出すうえでの比較優位になると指摘している。

日本国内における外国人材の活用に関しても様々な研究が行われており、志甫（2009）は、日本で学んだ留学生を採用した企業が入社後の人材育成に課題を感じており、定着率の向上が重要な課題となっている点を指摘している。

このように、日系企業の海外での事業展開とそれに伴う課題に関する研究は、様々な角度から行われてきた。しかし、以上のような先行研究は日系企業のグローバル化に伴う課題を明らかにしてきたものの、2015年のASEAN経済共同体発足をふまえた日系企業のASEAN地域での取り組みについて計量的な分析を行った研究は限定的である。

そこで、次節以降では、この問題に焦点を当て、日系企業のASEANにおける取り組みの基礎となるデータを提供するとともに、理論的及び実証的分析と提言を行う。

3. 日系企業の海外進出と海外現地雇用の動向

本節では日系企業の海外進出と海外現地雇用の動向に関して統計データと先行研究を用いて検証を行う。日系企業の海外進出は、1989年までの合計が9020法人であったが、1990年には1276法人、1995年には1670法人が海外進出するなど、日系企業の海外進出は1990年代前半に加速した。

そして1995年に海外進出した1670法人のうち、アジア地域が1246社と全

第3章　ASEAN経済統合下における日系企業の人材現地化及び人材移動に関する経済学的考察

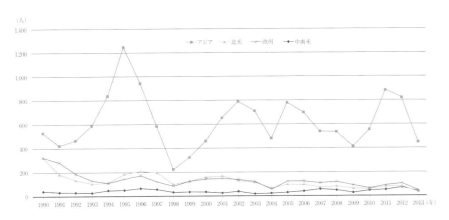

図3-1. 地域別の海外進出法人数（進出年次ごと）
出所：東洋経済新報社『海外進出企業総覧（国別）』各年版をもとに筆者作成

体の75.6％を占めており、日系企業の海外進出におけるアジアの重要性が高まっていたことが分かる。1990年代後半に起きたアジア経済危機などの影響で一時的にアジアの割合は減少したものの、その後、再び増加に転じ、2013年時点でも75.3％（447社／594社）と、アジアは海外進出法人の進出先として重要な存在となっている。なお、アジア以外の地域との比較では、1990年には、アジアが41.5％、北米が25.2％、欧州が25.1％、南米が3.4％であったが、2013年にはアジアが75.3％、北米が6.1％、欧州が7.7％、中南米が6.9％とアジアの割合が増加する一方で、北米及び欧州の割合が低下している（図3-1参照）。

また、アジアへ進出する法人の増加に伴い、海外へ派遣する本国従業員（以下、「派遣者」という）に占めるアジア地域への派遣者の割合は1992年の33.2％（1万5720人／4万7312人）から、2012年には70.6％（2万8453人／4万299人）に上昇しており、派遣者の問題を考えるうえでも、アジア地域の重要性が高まっている（図3-2参照）。

東洋経済新報社『海外進出企業総覧（国別）』によれば、日系企業が海外で雇用する現地従業員数は1992年の241万5909人から、2012年の402万573

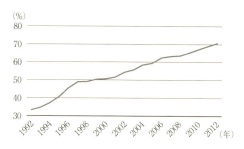

図3-2.日系企業の海外派遣者に占めるアジア地域への派遣者比率の推移
出所:東洋経済新報社『海外進出企業総覧(国別)』各年版をもとに筆者作成

人と20年間で166％増加した。それに対し、日本から海外への派遣者数は1990年代後半から減少し、1996年の5万5937人から2010年には3万7778人と同期間に32.5％もの減少が発生している。

　アジア地域への従業員派遣に関しては派遣者数の対現地従業員数比率が、他地域よりも低い点が特徴として挙げられる。例えば、1992年における派遣者数の対現地従業員数比率は世界全体の平均は2.0％であったが、アジア地域では1.3％となっていた。このようなアジアにおける派遣者数の対現地従業員数比率の低さについては、アジア地域に進出する日系企業に占める製造業の割合が高いことなどが背景にあるのではないかと考えられる。なお、図3-2でも示したように、日系企業が海外に社員を派遣する際に、派遣先がアジアである割合が増加し続けた結果、2012年には派遣先の7割以上がアジアへの派遣となった。その影響もあり、現在では、派遣者数の対現地従業員数比率は、アジア地域の比率と世界全体の比率がほぼ等しくなっている(図3-3参照)。

　派遣者数の対現地従業員数比率の各国比較では、シンガポールが3～5％台となっており、2％以下に集中しているその他のアジア各国と大きな開きがある。なお、シンガポールを含まないアジア諸国における日本人派遣者比率は、全産業でも製造業でも、ほぼ同じ動きを示している。この背景には、金融業などのサービス産業が中心となっているシンガポールの産業構造が影響している

図3-3. 派遣者数の対現地従業員数比率の推移（アジアと世界全体）
出所：東洋経済新報社『海外進出企業総覧（国別）』各年版をもとに筆者作成

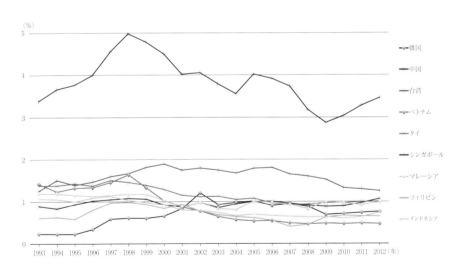

図3-4. アジア各国の派遣者数の対現地従業員数比率の推移
出所：東洋経済新報社『海外進出企業総覧（国別）』各年版をもとに筆者作成

と考えられる(図3-4参照)。

なお、アジア各国では進学率が著しく上昇しており、大卒人材の供給が増加している。世界銀行統計によれば、インドネシアの大学進学率は1985年には6.2%であったが、2012年には31.5%に増加しており、ベトナムも1986年の1.9%から2012年の24.6%、タイも1990年の15.9%から2012年の51.4%、マレーシアも1985年の5.6%から2011年の36.0%と大幅に増加している。

大学進学率の上昇に伴い、アジア地域の給与水準も著しく増加している。国際労働機関(ILO)のGlobal Wage Database(2012)によれば、インドネシアの月収は2001年の52万8200ルピアから2010年には129万4475ルピアと2.45倍に増加しており、中国の月収も2001年の903元から2010年の3045元と3倍以上に増加している。従来、日系企業がASEAN地域に進出する場合は、安価な労働力の活用による製造コストの削減が大きなインセンティブとなっていた。そのため、給与体系についても、日本で採用されたものとASEAN地域で採用されたものの間には大きな格差が存在することが少なくなかった。しかし、上記のように、アジア各国の給与水準が急速に高まり、優秀な人材の獲得競争も激化していることは強く認識される必要があるだろう。

4. 人材面の現地化に関する経済理論的考察

白木(1995)は、日系企業の「人材の現地化」に関し、操業期間と本国従業員(派遣者)の現地従業員に対する比率を用いた仮説図を提唱している(図3-5参照)。新技術の導入などが発生しないと仮定する「短期」の場合には、操業期間が長くなるにつれて、現地従業員比率が上昇し、SL_1曲線(短期現地化曲線)上のa→b→cのように派遣者数の対現地従業員数比率が低下することになる。しかし、新技術の導入などが発生すると仮定する「長期」では、日本から新たな技術移転を行うために日本からの派遣者を増加する必要が発生する。そのため、SL_1曲線上のbからSL_2線上のdへ、SL_1曲線上のcからSL_2曲線上のeへ、さらにSL_2曲線上のeからSL_3曲線上のfへと派遣者数の対現地従

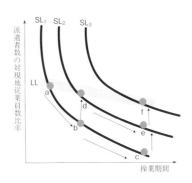
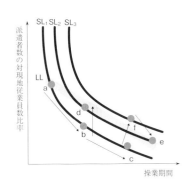

図3-5. 人材の現地化の仮説図
（「短期」「長期」の現地化）
出所：白木（1995），57頁

図3-6. 人材の現地化の仮説図
（「第三段階」の現地化）
出所：筆者作成

業員数比率が上昇することとなり、a→d→fをつなぐLL曲線が「長期現地化曲線」となる（図3-5参照）。

　本節では白木（1995）のモデルを援用し、日系企業がより長期間にわたってASEAN地域に貢献し、現地の大卒人材の供給増加など条件が整った場合の現地化の「第三段階」について考察した。それが図3-6である。最初の段階では、操業期間の長期化とともに現地従業員比率が上昇し、SL_1曲線（短期現地化曲線）上のa→b→cへと派遣者数の対現地従業員数比率が低下することになる。そして次の段階では、外部との競争激化などにより日本からの新規の投資・技術移転の必要が発生し、SL曲線上のbからSL_2曲線上のdへ、SL_1曲線上のcからSL_3曲線上のfへと派遣者数の対現地従業員数比率が上昇する。

　しかし、より長期の「第三段階」においては、現地経済が発展して家計の所得が上昇し、少子化と高学歴化が進展している。このような段階では、現地における大卒人材の供給が増加し、従来日本からの派遣者が担っていた業務を、現地人材によって担うことが可能になると考えられる。その場合、SL_3曲線上のfからSL_2曲線上のeへと派遣者数の対現地従業員数比率は低下する。

したがって、これらの a → d → e をつなぐ LL 曲線が長期現地化曲線となる（図3-6参照）。

5. 派遣者数の対現地従業員数比率の決定要因
　　──マクロ経済データを用いた分析──[5]

　本節では前述の仮説図を応用し、現地の人的資本形成や日系企業の現地での長期経営が派遣者数の対現地従業員数比率に与える影響について検証する。本分析では、財務省『財政金融統計月報』、東洋経済新報社『海外進出企業総覧（国別）』、OECD Education at a glance、中国国家統計局『中国統計年鑑』、アジア開発銀行発行 *Key Indicators for ASIA and the Pacific*、UNESCO Institute for Statistics Data Centre *Country Profiles*、ならびに世界銀行統計を用い、ASEAN の主要国であるインドネシア、フィリピン、マレーシア、タイ、ベトナムの各国マクロ経済データを 1992～2012 年の合計 21 年分をプールした。なお、シンガポールについては産業構造の違いなどから上記5カ国と派遣者数の対現地従業員数比率の傾向が異なるため、本分析の対象には含めなかった。これら諸国では、派遣者数の対現地従業員比率は、製造業でも全産業でも同様の傾向で推移している。そこで、本分析は製造業のみに限定せず全産業を対象とした。推定は最小二乗法による。仮説、計量方程式、被説明変数、及び説明変数は以下の通りである。

　第1の仮説として、現地の大学進学率（現地の人的資本の代理変数）が上昇すると、より高度な仕事を現地の人材に任せることが可能となり、日本からの派遣者の比率は低下すると考えられる。
　第2の仮説として、長期間、現地での経営を行う法人は、時間とともに現地人材の雇用を進めるため、派遣者数の対現地従業員数比率が低下すると考えられる。
　第3の仮説として、現地通貨の価値が下落すると（円高）、現地で得られる

利益が圧迫され、日本からの派遣者の人件費を削減する必要が発生するため派遣者数の対現地従業員数比率は低下すると考えられる。

第4の仮説として、現地の失業率が上昇すると、現地の優秀な人材を獲得できる可能性が高まるため、派遣者数の対現地従業員数比率が低下すると考えられる。

第5の仮説として、新規に現地に進出する法人が増加すると、現地従業員の雇用が十分に進んでいない法人の割合が高まるため、派遣者数の対現地従業員数比率は上昇すると考えられる。

（計量方程式）
$Y = a_0 + a_1 X_1 + a_2 X_2 + a_3 X_3 + a_4 X_4 + a_5 X_5 + u$

Y ：派遣者数の対現地従業員数比
X_1：現地大卒人材供給（現地大学進学率）
X_2：長期間現地操業法人割合（10年以上操業法人比率）
X_3：現地通貨の対円レート
X_4：現地失業率
X_5：海外進出法人数（進出年次ごと）
u ：誤差項

被説明変数と説明変数の記述統計は表3-1にまとめた通りである。

計量分析の推計結果は表3-2にまとめた通りである。

今回の計量分析から以下の結果を得られた。まず、大学進学率が増加すると、派遣者数の対現地従業員数比率が低下するという仮説は支持された。このことから、マネジメントなどの、より高度な仕事を任せられる人材の育成・輩出が現地において進められることで、派遣者数の対現地従業員数比率を下げることが可能であると考えられる。

10年以上操業法人比率については、現地での経営が長期にわたって行われ

表3-1. 派遣者数の対現地従業員数比率の決定要因分析に関する記述統計

	度数	最小値	最大値	平均値	標準偏差
派遣者比率（％）	105	0.4	3.2	0.9	0.4
大学進学率	105	1.5	52.6	23.7	11.7
10年以上操業法人比率	105	0.0	84.6	47.6	23.7
対円レート	105	0.0	261.0	42.2	62.3
失業率	105	0.7	11.8	5.0	3.0
現地法人数（進出年次）	105	1.0	135.0	31.5	24.7

表3-2. 派遣者数の対現地従業員数比率の決定要因分析に関する計量分析推定結果

	係数	T-value	有意確率
現地大学進学率	-0.007**	-2.008	0.047
10年以上操業法人比率	-0.007***	-4.209	0.000
現地通貨対円レート	-0.003***	-6.365	0.000
現地失業率	-0.046***	-4.637	0.000
現地進出法人数（進出年次ごと）	-0.003	-0.304	0.761
定数項	1.808***	15.887	0.000
自由度調整済R^2	0.454		
サンプル数	105		

注：*** は1％水準、** は5％水準で有意であることを表す

ると、現地人材の雇用が進み、派遣者数の対現地従業員数比率が低下するという仮説は支持された。

現地通貨対円レートについては、現地通貨の価値が下落すると（円高）、現地で得られる利益が減少し、日本からの派遣者の人件費を削減する必要が発生し、派遣者数の対現地従業員数比率が低下するという仮説も支持された。

現地失業率も、現地の失業率が上昇する状況では、現地の優秀な人材を採用しやすくなるため、派遣者数の対現地従業員数比率が低下するという仮説も支持された。

現地進出法人数（進出年次ごと）に関しては、現地に進出する法人が増加すると、現地従業員の雇用が十分に進んでいない法人の割合が高まるため、派遣者数の対現地従業員数比率は上昇するという仮説は支持されなかった。

本節で確認されたASEAN各国の大学進学率増加・人的資本形成がもたらす現地化の推進に関し、日系企業の現地大卒人材確保の可能性を明らかにするため、実地調査で回収された個票を用いた分析を第7節にて行う。

6．ASEAN人材の確保に関する理論的考察

前の2つの節では、マクロのレベルで、日系企業の現地化を規定する要因を理論的及び実証的に分析した。しかし、先行研究にもあるように、日本人中心のマネジメントだけでなく、日系企業の賃金体系が欧米企業に比べて魅力的でないことなどが現地化の困難を解決できない要因として指摘されてきた。

日本企業の賃金制度は、1970年代以降は職能資格制度を基本としてきたが、今世紀になって成果主義的な人事制度を導入する企業が増加した。近年、日系企業の人材評価の方式は様々な改革を経験してきたが、現在でも、日系企業の賃金制度は、短期雇用者には不利で、長期雇用者には有利な制度だと考えられている。日系企業では、在職期間が短い者の賃金は低いが、勤務年数とともに賃金が継続的に上昇するため、短期間ではリターンは小さく、長期間でのリターンが大きい賃金モデルとなっているためである。一方、欧米企業では、一

般的には職種ごとの採用となっていて、新卒・既卒にかかわらず、個人の能力と仕事の成果に応じて給与が支給されるため、能力ある者が短期間で高所得を得たい場合には、有利な賃金モデルとなっている。

　Lazear (1998) は、労働者が若い時に自分の価値よりも低い給与しか受け取らない場合、この時期に企業に貸しをつくり、長期で回収するモデルとなるため、労働者は同一企業に長期間勤務することへのインセンティブが働くと説明している。ただし、このモデルは、長期にわたって経営の安定が見込める企業において可能なモデルであり、長期的な経営の安定が見込めない企業では、労働者は短期間で高所得を得られる賃金モデルを選択するとされる。言い換えれば、労働者が長期的な見通しに基づいた将来計画を立てられるかどうかで、短期型賃金モデルと長期型賃金モデルのどちらを労働者が選択するかが変わると考えられる。内村 (2011) は中国では長期的リターンよりも短期的リターンを重視する背景として、中国の定年退職後の社会保障制度の脆弱性による影響を指摘している（図3-7参照）。

　図3-8に示すように、短期的には欧米企業へ勤務する方が、日系企業に勤務するよりも $W_f W_j FJ$ 分の高賃金を得ることができる。長期型賃金モデルは、長期的に安定したリターンを得られるという長所がある。不安定な雇用で高い賃金を得るよりも、家庭などの理由で安定した雇用で長期的に働くことを希望する者も一定数は存在すると考えられる。この場合、$W_f W_j FJ$ 分は、長期的な安定雇用を得るための短期的機会費用ということになる。

　つまり、短期型賃金モデルと長期型賃金モデルのどちらを選択するかは、求職者が短期的な便益と長期的な便益のどちらを好むかによって決まるため、長期型賃金モデルがアジア地域の労働市場に適さないとは必ずしもいえないことになる。

　しかし、先行研究でも指摘があったように、日系企業の海外法人は日本人が中心となったマネジメント体制が原因で、現地人材の定着率が低いという問題を抱えてきた。日本人が主要な役職を独占し、日系企業内での長期的な展望を描けなければ、短期的な便益が高い短期型賃金モデルを提供する企業に現地人

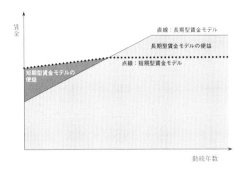

図3-7. 短期型賃金モデルと長期型賃金モデル

出所：Lazear（1998），288頁をもとに筆者作成

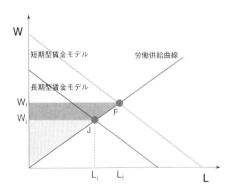

図3-8. 労働供給の長期雇用型と短期雇用型

出所：筆者作成

材は流出してしまう。日系企業が現地従業員の定着率を向上させるためには、長期型賃金モデルの長所である長期的便益を得やすいような長期的なキャリアパスの提示が必要なのである（図3-8参照）。

7. ASEAN地域の大卒人材の雇用に関する選好を規定する要因の計量分析

本節ではASEAN地域の大卒人材の雇用に関する選好について考察を行うために、2014年6月に開催されたASEAN Career Fair with Japan 2014の来場者に配布された調査票によって得られた回答を用い、二項ロジスティクス回帰分析による推計を行う。有効回答はインドネシア80人、タイ35人、フィリピン32人、ベトナム21人、マレーシア9人、シンガポール9人、中国9人、カンボジア7人、その他（インド，スリランカなど）11人の合計213人となっている。

配布された調査票は無記名で、質問項目は国籍、専攻、学歴、希望初任給、将来希望給与、就職する際に重視する項目（「仕事内容」「賃金」「企業文化」などの17の選択肢から上位3つを選択）、就職情報の入手方法（教員、キャリアセンターなど）、キャリア観（「就業経験を経て数年後により良い仕事へ移りたい」か「仕事に満足できるなら同じ企業でできるだけ長く働きたい」のどちらかを選択）、勤務地に関する意向（「本国勤務希望」または「勤務地不問」のどちらかを選択）となっている。仮説、計量方程式、被説明変数、及び説明変数は以下の通りである。

第1の仮説として、就職の際に、企業における賃金・福利厚生などの経済的要素だけではなく、企業の文化的な要素を重視する新卒学生は、転職を通じたキャリアアップよりも、同一企業で長期の勤務を希望する傾向があると考えられる。

第2の仮説として、高額な初任給を希望する新卒学生は、短期的なリターンを重視し、転職によるキャリアアップを希望する確率が高いと考えられる。

第3の仮説として、就職の際に勤務地を問わない学生は好条件の職場を求めて転職し、母国での勤務を希望する新卒学生は、転職を通じたキャリアアップよりも、同一企業で長期の勤務を希望する傾向があると考えられる。

　第4の仮説として、理系の新卒学生は、研究職などで成果を出すためにも、自分の好きな環境で長時間、落ち着いて活動を行う必要があり、同一企業での長期勤務を希望する傾向があると考えられる。

（計量方程式）

Y：Ln（p/1-p）p　（ロジット変換）

ここで、pは同一企業で長期勤務を希望する確率（「仕事に満足できるなら同じ企業でできるだけ長く働きたい」を選択する確率）を意味する。

X_1：企業文化重視（仕事を選ぶ際に重視する項目で「企業文化」を選択）

X_2：希望初任給

X_3：勤務地不問

X_4：理工系

　被説明変数と説明変数の記述統計は表3-3にまとめた通りである。まず、被説明変数の同一企業勤務希望であるが、全体の62％（126人）が「仕事に満足できるなら同じ企業でできるだけ長く働きたい」を選択し、「就業経験を経て数年後により良い仕事へ移りたい」を選択した者は38％（77人）であった。また就職する際に重視する項目として「文化」を選択した者は、29％（62人）であった。希望初任給額は最小値が200米国ドル、最大値が1万米国ドルと分散が大きく、平均値は2206米国ドルであった。なお、最頻値は2000米国ドルであり、日本の大卒初任給と、ほぼ同じ水準であった。今回の個票調査のサンプルはASEAN地域各国の上位大学の学生を対象としており、ASEAN地域の大学生全体の希望額を反映しているわけではないが、各国の上位大学の学生は日本人の大学生の初任給とほぼ同じ水準を希望していると言える。また、今回のサンプルに占める理工系学生の割合は47.7％（102人）となっている。な

表3-3. ASEAN Career Fair with Japan 2014 参加者のうち質問票回答者の記述統計

	度数	最小値	最大値	平均値	標準偏差
同一企業長期勤務希望	173	0	1	0.61	—
企業文化重視	173	0	1	0.30	—
勤務地不問	173	0	1	0.64	—
希望初任給（月額、米国ドル）	173	200	10,000	2,209	1,506
理工系	173	0	1	0.49	—

表3-4. ASEAN Career Fair with Japan 2014 参加者の転職意向に関する計量分析推定結果

	係数	ワルド	有意確率	オッズ比
企業文化重視	0.861**	5.212	0.022	2.365
勤務地不問	0.916***	7.528	0.006	2.499
希望初任給（月額、米国ドル）	-0.027	0.063	0.801	0.973
理工系	-0.248	0.578	0.447	0.780
定数項	-0.183	0.236	0.627	0.833
サンプル数	173			
(-2) 尤度	216.858			
ネーゲルケルク2乗	0.083			
コックスシェル2乗	0.112			

注：*** は1%水準、** は5%水準で有意であることを表す

お、各変数の項目に無効な回答があったため、それらを除外すると本分析で用いることのできるサンプルの数は173となった。

計量分析の推計結果は表3-4にまとめた通りである。

分析結果によれば、「企業文化重視」は有意確率が0.022＜0.05であり、「勤務地不問」は有意確率が0.06＜0.01で有意であった。したがって、ASEAN地域の大学生で企業選びの際に企業文化を重視する者と、勤務地不問の者が長期勤務を希望することが明らかとなった。

就職する際に重視する上位3項目の中で、企業文化を選択する学生は、企業文化を選択しない学生に比べて、「仕事に満足できるなら同じ企業でできるだけ長く働きたい」を選択する確率は2.365倍高かった。つまり、仮説通り、就職の際に、企業における賃金・福利厚生などの要素だけではなく、企業の文化的な要素を重視する新卒学生は、転職を通じたキャリアアップよりも、同一企業で長期の勤務を希望する傾向があると考えられる[6]。

また、希望勤務地に関しては、勤務地不問と回答した学生は、そうでない学生と比べ、長期継続を希望する確率が約2.5倍高かった。つまり、仮説とは異なり、勤務地不問の学生は、キャリアアップのために転職を希望するのではなく、転勤を厭わず、同一企業での勤務を希望する可能性が高いことになる。このことから、ASEAN地域の大学新卒人材には、仕事に満足している場合は、母国だけでなく海外での勤務も視野に入れ、同一企業での勤務を優先するという価値観があると考えられる。

なお、理工系の新卒学生が、自分の好きな環境で長時間、研究活動などに取り組むため、同一企業での長期勤務を希望する確率が高いという仮説と、希望初任給額が高いほど転職によるキャリアアップを志向する確率が高まるという仮説に関しては、今回の分析では確認できなかった。

8. 結論と提言

本章は、ASEANの地域経済統合の進展を重要な背景に、日系企業がASEAN

諸国の経済・社会に受け入れられ長期に持続的な発展を実現するとの視点から、長年の懸案とされてきた日系企業の人材現地化について、新たな方策を提言することを目的としてきた。

そこで、(1) 現地に進出した日系企業における人材移動の現地化のプロセスとこれに影響を及ぼす要因を理論的に検討したうえで、日本からの派遣人材の現地従業員に対する比率の決定要因に関し、マクロデータを用いた実証的な分析を行った。その結果、現地での大卒人材の増加が、人材現地化に寄与している可能性があることが分かった。

また、(2) ASEAN 地域における大卒人材の需給がミスマッチを起こす要因を、長期雇用モデルと短期雇用モデルにおける勤続年数別賃金プロファイルの相違から説明したうえ、ASEAN の大卒人材の雇用への選好に関するマイクロデータをもとに計量分析を行った。その結果、ASEAN の大卒人材の中に、全体の3割程度ではあるが、同一企業で雇用を維持しながら、就労場所を移動することを希望する者が存在することなどが明らかになった。

以上の分析と検討の結果をふまえれば、ASEAN 地域における日系企業の現地人材の確保と人材移動を通じた人材現地化について、新たな展望が生まれてくる。

すなわち、ASEAN 人材に対して、現地法人の所在する国に限定せずに、ASEAN 域内におけるキャリアパスを提示することにより、これら人材の離職を減らし、長期的視野から人材開発を実現し、日系企業における人材現地化を進めることが可能と考えられる。

従来、ASEAN 諸国の日系企業は、日本と当該国の間だけでしか、ASEAN 人材にキャリアパスを提供できなかった。このため、現地法人の管理職など主要な職位を日本人派遣者が占めている結果、現地で採用した人材に長期的な昇進を伴う雇用機会を提供することができなかった（白木, 1995）。

しかし、ASEAN 経済共同体が発足を迎え、ASEAN 域内出身の熟練労働者（企業幹部や管理職・専門職を含む）の域内移動が円滑化される中で、日系企業は ASEAN 人材に対して、現地法人の所在国に雇用の場所を限定せず、

ASEAN 域内の現地法人のネットワークを活用して、長期的なキャリアパスを提示することが可能になる。このことは、日系企業からの ASEAN 人材の離職を減らすだけでなく、長期的視野から人材開発を重視する人材のニーズにも合致する。同時に、日系企業が長年苦しんできた ASEAN 地域における人材の現地化を進めることも可能にすると考えられる。

日系企業が、地域経済統合の進む ASEAN 諸国の経済・社会に受け入れられ、長期的にその事業を発展させていくうえで、人材の現地化及び移動は今後とも一層重要になってくるであろう。この問題については、さらに本格的な研究を進めていくことが必要である。

【注】
1 本章は、佐伯（2015b）を基礎としている。
2 リバース・イノベーションの他に、フルーガル・イノベーションなどの名称が用いられることもある。
3 正式名称は「大学の世界展開力強化」事業タイプ A「キャンパス・アジア中核拠点形成支援」であり、「日中韓のトライアングル交流事業」を行うタイプ A-1 と「東南アジア交流」を行うタイプ A-2 がある。
4 第 1 回が 2013 年 6 月、第 2 回が 2014 年 6 月に行われ、第 3 回は 2015 年 2 月に開催された。
5 本節の後半で ASEAN 地域の大卒人材の雇用に関する調査では、一定のサンプル数を確保できたインドネシア、フィリピン、マレーシア、タイ、ベトナムを分析対象国とする。そこで、日本人派遣者数の対現地従業員比率の決定要因の分析では、これらと同じ諸国を対象とした。
6 本調査が行われた ASEAN Career Fair with Japan の会場には、日本企業に関心がある ASEAN の学生が参加している。したがって、企業文化への関心とは、長期雇用重視の考え方への関心を含むものと解釈できる。

第Ⅲ部
国内労働市場における外国人労働者の役割と社会統合の課題

第4章
地域労働市場の需給ミスマッチと
アグロメレーションに関する経済学的研究

1. 問題の所在

　TPPやASEAN経済共同体などのアジア太平洋地域の経済統合の動きが加速する中、農業などの海外との競争激化が予想される業界を中心に、対応策が検討されている。しかし、業界だけでなく、地域によっても、経済統合によってもたらされる影響に違いがあることについての議論は非常に限定的である。

　経済統合下において、地域労働市場が受ける影響は、産業集積の有無などの地域特性によって大きく異なるはずである。地域経済統合下において工程間分業が進む中で、地域にアグロメレーションの形成が進むのか、それとも空洞化が起きるのかをアグロメレーションの理論だけでなく、労働市場需給ミスマッチなどの多様な観点から検証が行われる必要がある。

　特に、地方労働市場から都心部労働市場への労働力流出は地方労働市場における労働需給ミスマッチの大きな原因となっており、この問題を看過すれば集積効果による規模の経済と範囲の経済が機能しない可能性がある。円高や新興国との競争の中で、非常に厳しい状況に直面している。そうした中で、アグロメレーションに人材や資本の流入を促し、地域の生産性を高めていくために、どのような政策を講じるべきかを解明する必要がある。

　従来の研究では、地域労働市場における賃金の規定要因などの分析は均衡モデルを用いた分析が中心であった。しかし労働需給ミスマッチが拡大する中、

不均衡モデルを用いた分析を行うことで、より政策的な含意を得られるのではないかと考える。

そこで本章では、地域労働市場における需給ミスマッチとアグロメレーションに関し、不均衡モデルを用いた理論的及び実証的分析を行い、地域の生産性と競争力の向上のための提言を行うことを目的とする。

2. 日本と世界における国内人口移動の概況

地方から都市部への人口流出、特定地域への人材・資本の集中は世界的に見られる現象である。国連経済社会部の World Urbanization Prospects によれば、2014年に世界人口の54％は都市部で生活を行っており、1950年の都市部の生活者が世界人口の30％であったことを考慮すると、特定都市への集中が世界的に進んでいることが分かる。

国際連合（2012）によれば、東京は世界で特に人口が集中している都市であるが、デリーやメキシコシティなどの都市の人口も急速に増加している（表4－1参照）。

戦後の急速な経済成長実現の重要な要因の一つとして、地方から都市への人

表4－1．世界大都市圏の人口推移

(単位：100万人)

	1975年	2000年	2005年	2011年
東京	26.6	34.4	35.6	37.2
デリー	4.4	12.4	15.0	22.7
メキシコシティ	10.7	18.1	19.4	20.4
ニューヨーク～ニューアーク	15.9	17.8	18.7	20.4
上海	7.3	13.2	14.5	20.2
サンパウロ	9.6	17.1	18.3	19.9
ムンバイ	7.1	16.1	18.2	19.7

出所：国際連合 World Urbanization Prospects: The 2011 Revision

口移動による労働力の供給が挙げられる。1955年から1975年の20年間に非大都市圏から3大都市圏(首都圏、東海圏、関西圏)への人口移動は677万人を超えるなど、地方から都心への大量の国内労働移動が発生した(図4-1参照)。

こうした地方から都心への人口移動に加え、若年層の大学進学率増加に伴い、高卒労働者が減少した。その結果、企業の生産現場では労働力確保が困難になるという状況が地方を中心に、深刻化してきた。

少子高齢化の進行と高学歴化を主要因とする労働需給ミスマッチが深刻化する中、外国人労働者活用の必要性が高まる状況が発生したことも影響し、1990年には出入国管理及び難民認定法改正が行われることとなった。

これを受け、新たに国内での求職、就労、転職に制限のない「定住者」資格が付与されたブラジル、ペルーなどの日系南米人は、これまで日本に在住していたオールドカマー(韓国・朝鮮人や中国人など)に対してニューカマーと呼ばれ、地位・身分に基づく在留資格(「定住者」「永住者」)によって自動車産業の下請企業、業務請負業者等に就労する南米出身の日系人が急増した。その結果、ブラジル出身の在留外国人は2005年に30万人を突破し、ピークとなる2007年には31万6967人にまで達した(図4-2参照)。しかし、2008年以降の世界経済危機の影響によって職を失い、ブラジルへ帰国するものが大量に発生した。その結果、2011年にはブラジル出身の在留外国人は21万32人まで減少し、わずか3年間の間に10万人を超える規模での帰国者が発生するという事態となった[1]。

また、日系ブラジル人を中心とする南米系の日系人労働者の特徴として、特定の自治体に集住する傾向が強く、在日ブラジル人人口5000人を超える自治体は北関東地域と東海地域に集中している。一方で、東京都は日本で最も外国人登録者数が多い都道府県であるが、2013年の東京に在留登録をしているブラジル国籍者はわずか3163人となっている(図4-3、表4-2参照)。

こうした日系ブラジル人の特徴的な分布の背景としては、彼らが地位・身分に基づく在留資格によって就労が可能であることを理解する必要がある。技能

第4章　地域労働市場の需給ミスマッチとアグロメレーションに関する経済学的研究

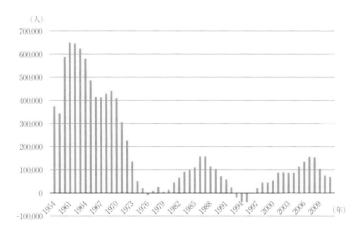

図4−1．非大都市圏から3大都市圏への転入超過数
出所：国立社会保障・人口問題研究所「人口統計資料集」(2013)

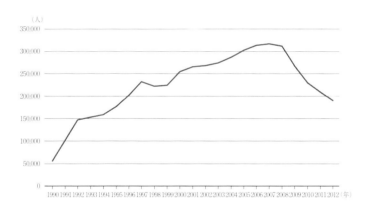

図4−2．ブラジル国籍の在留外国人登録者数推移
出所：法務省「在留外国人統計」

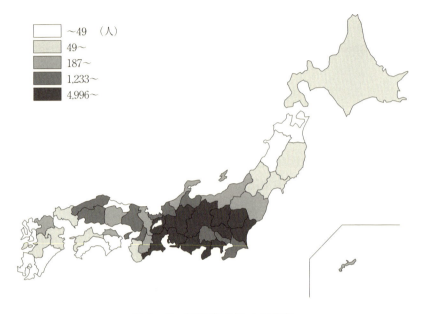

図 4−3. 在日ブラジル人の分布
出所：法務省「在留外国人統計」(2013) をもとに筆者作成

　実習生のように同一の職場での就労が義務づけられている在留資格とは異なり、「定住者」などの在留資格で来日している日系人は、移動の自由が認められている。そのため、群馬県大泉町など、ブラジルコミュニティが存在する地域などへの移住が可能である。小内ら (2011) によれば群馬県大泉町では、すべての小中学校に日本語学級が設置され、日本語指導助手 1 人と外国人子女教育加配教員 1～2 人が固定したかたちで配置されるなどの外国人児童への教育体制が整っており、こうした社会インフラも日系ブラジル人の特定地域への集中を促す要因であると考えられる。

3. 先行研究

　例えば、Glaeser（2008）はアグロメレーションの形成における地理的な要素の重要性を指摘し、ニューヨークの都市としての発展を、米国市場の玄関口としての交通ハブとしての地理的役割によって説明している。

　また、形成されたアグロメレーションが加速的に発展するメカニズムとしての正の外部性に関しては、Arrow（1962）、Romer（1986）など多くの研究者によって理論の精緻化が進められてきた。その重要なメカニズムはアグロメレーションの存在によって、情報や知識などの波及効果が発生して生産性が高まり、その高い生産性によって、新たな企業と人材が集まって多様性が増し、アグロメレーションがさらに加速的に発展していくというものである。Jacobs（1969）は、集積が形成されることで、同分野の関連企業が増加し、部品調達の簡易化などにもプラスの影響があることを指摘している。

　Glaeser（2011）は長崎とバンガロールの事例を用い、人材の集積地となることが新たな社会の動きを生み出す原動力となることを論じている。Bratti & Leombruni（2009）はイタリアの製造業の事例を用い、地方の人的資本（local human capital）を高めることによる波及効果の重要性を論じている。

　そして都市部への人口流入の要因として、都市部における消費・サービスの多様性という要素が挙げられる。Dixit & Stiglitz（1977）、Krugman（1980）は消費者と生産者のニーズの多様性の増加をふまえた、実体経済に即した新たな貿易理論として、効用関数に製品・サービスの多様性・選択肢の多さを変数として用いるモデルを提唱している。こうした消費者の嗜好の多様性を考慮に入れたモデルでは、消費者の効用は消費の量だけではなく、消費する財・サービスの多様性・選択肢の多さによって規定されることとなる。

　Rivera-Batiz（1987）は Dixit-Stiglitz-Kuguman のモデルを援用し、コブダグラス型生産方程式を用いて、専門的人的資本の多様性を変数として用い、企業と個人が都市部へ集中することを説明している。

表4−2．各都道府県の在日ブラジル人登録者数（1990〜2013年）

	1990年	1991年	1992年	1993年	1994年	1995年	1996年	1997年	1998年	1999年	2000年
総数	56,429	102,116	147,803	153,711	159,619	176,440	201,795	233,254	222,217	224,299	254,394
北海道	70	238	405	453	500	499	485	417	392	295	296
青森	29	44	58	78	98	124	124	136	143	108	106
岩手	36	43	49	54	59	85	74	150	187	208	716
宮城	154	250	345	431	516	622	519	663	695	691	909
秋田	12	28	43	34	25	54	32	68	94	65	78
山形	195	242	289	282	275	351	505	609	618	562	592
福島	194	563	932	899	865	1,048	1,272	1,637	1,449	1,170	1,274
茨城	1,610	3,359	5,107	5,551	5,994	7,036	7,784	9,216	8,933	9,454	10,803
栃木	2,899	4,415	5,931	5,916	5,900	6,418	7,759	8,757	8,094	7,565	8,315
群馬	3,822	6,298	8,773	8,857	8,941	10,305	11,501	13,933	13,138	13,317	15,325
埼玉	4,926	7,272	9,617	9,889	10,160	10,804	11,500	12,226	11,532	11,202	12,831
千葉	1,773	3,571	5,369	5,962	6,554	6,122	6,433	6,759	6,929	6,650	6,379
東京	2,632	4,570	6,508	6,161	5,814	5,409	5,497	5,301	4,648	4,512	4,645
神奈川	8,215	11,457	14,698	14,066	13,434	13,958	14,386	15,434	13,155	12,184	12,295
新潟	89	491	892	999	1,105	1,438	1,472	1,671	1,464	1,295	1,416
富山	184	577	970	1,498	2,025	2,555	2,917	3,489	3,278	3,319	3,742
石川	88	290	492	671	850	822	1,167	1,731	1,767	2,094	2,178
福井	190	595	999	1,311	1,623	2,147	2,279	2,508	2,269	2,850	3,279
山梨	459	1,159	1,858	1,976	2,094	2,645	3,463	4,122	3,740	3,655	4,723
長野	1,414	2,594	3,774	5,177	6,579	9,633	11,197	14,676	14,670	16,357	19,945
岐阜	1,643	3,821	5,998	6,547	7,096	8,073	9,829	11,818	11,202	11,619	14,809
静岡	8,964	14,384	19,803	21,187	22,571	25,012	28,305	32,202	31,329	31,974	35,959
愛知	10,764	20,186	29,607	28,576	27,545	29,787	36,392	42,917	40,873	41,241	47,561
三重	1,559	3,512	5,464	5,844	6,224	7,086	9,776	12,433	12,903	13,453	15,358
滋賀	972	2,635	4,298	4,749	5,199	6,054	7,004	8,407	8,322	8,841	10,125
京都	266	496	725	758	791	830	834	932	867	709	707
大阪	1,328	2,971	4,614	4,706	4,798	5,281	5,782	6,142	5,147	4,858	4,906
兵庫	291	1,232	2,173	2,420	2,667	3,187	4,030	4,544	4,316	3,831	3,818
奈良	167	410	652	765	878	909	1,073	1,136	1,038	987	1,050
和歌山	28	83	137	259	380	412	415	359	312	288	266
鳥取	29	54	78	85	91	98	100	133	176	133	155
島根	26	88	149	162	174	284	410	545	590	847	1,331
岡山	171	752	1,332	1,646	1,960	1,875	1,713	1,918	1,729	1,682	1,917
広島	655	2,197	3,738	3,536	3,333	3,196	3,539	3,984	3,968	4,286	4,549
山口	33	119	205	247	288	275	275	309	304	287	290
徳島	19	45	70	79	88	89	102	138	144	116	125
香川	60	232	403	430	456	438	518	566	674	546	515
愛媛	25	90	155	189	223	232	213	204	198	172	174
高知	18	23	27	41	55	42	60	46	34	25	24
福岡	133	272	411	419	426	329	285	287	283	259	273
佐賀	21	48	74	86	97	76	55	34	34	27	33
長崎	30	54	78	86	93	78	49	69	60	61	85
熊本	25	61	97	136	174	176	154	143	78	78	78
大分	24	58	91	115	139	144	153	122	98	83	93
宮崎	18	47	75	92	103	74	60	47	54	51	43
鹿児島	21	55	89	148	207	182	152	139	133	134	131
沖縄	148	150	151	152	152	138	151	177	156	158	172

出所：法務省「在留外国人統計」をもとに筆者作成

第 4 章　地域労働市場の需給ミスマッチとアグロメレーションに関する経済学的研究

(単位：人)

2001年	2002年	2003年	2004年	2005年	2006年	2007年	2008年	2009年	2010年	2011年	2012年	2013年
265,962	268,332	274,700	286,557	302,080	312,979	316,967	312,582	267,456	230,552	210,032	190,609	181,317
329	256	247	242	213	208	213	195	193	172	155	128	134
108	76	64	55	40	41	38	30	32	22	20	33	22
682	694	801	640	579	580	481	373	175	111	68	54	41
994	1,135	1,593	1,218	1,020	546	306	220	187	154	138	145	153
69	72	53	41	35	22	16	13	13	11	11	13	12
487	445	387	324	360	331	197	162	169	113	111	80	81
1,099	900	798	730	644	597	534	478	383	274	215	187	191
10,974	10,950	10,940	11,259	10,839	10,926	11,407	11,430	10,200	8,536	7,427	6,780	6,281
8,624	8,530	8,754	8,545	8,513	8,425	8,585	8,707	7,710	6,638	5,688	4,996	4,739
16,239	15,636	15,756	16,455	16,934	17,101	17,158	17,522	15,324	13,891	12,909	12,197	11,982
14,088	13,768	13,932	14,030	13,694	13,728	13,950	13,844	12,301	10,462	9,123	8,214	7,884
6,674	6,534	6,331	6,622	6,220	6,510	6,087	6,354	6,004	4,973	4,289	3,851	3,690
4,915	4,816	4,714	4,707	4,725	4,608	4,550	4,574	4,439	3,808	3,476	3,219	3,163
13,650	13,794	13,837	13,860	13,859	13,933	14,107	14,248	13,091	11,166	10,060	9,145	8,743
1,390	1,283	1,373	1,529	1,339	1,200	978	883	693	451	373	319	300
3,832	3,760	4,233	4,331	4,666	4,663	4,387	4,087	3,313	2,916	2,737	2,399	2,220
1,968	1,839	1,608	1,457	1,489	1,698	1,704	1,740	1,547	1,362	1,181	966	855
2,674	2,726	2,636	2,644	3,120	3,071	3,062	2,601	2,393	2,488	2,510	2,684	2,366
5,046	4,824	4,915	5,299	5,197	5,299	5,089	5,028	4,318	3,693	3,311	2,972	2,768
17,830	17,537	17,898	17,758	16,925	16,696	15,783	14,612	10,938	8,595	7,504	6,298	5,650
14,925	15,138	16,449	17,596	19,152	20,466	20,912	20,481	17,078	14,515	13,327	11,531	10,565
39,409	41,039	41,489	44,248	48,586	51,250	52,014	51,441	42,625	36,706	33,547	29,668	27,623
51,546	54,081	57,336	63,335	71,004	76,297	80,401	79,156	67,162	58,606	54,458	50,533	48,734
16,737	17,012	17,619	18,157	20,133	21,206	21,717	21,668	18,667	16,335	14,986	13,324	12,993
10,182	10,794	10,995	12,128	13,595	13,960	14,342	14,417	11,384	9,542	8,710	8,166	7,958
802	782	683	654	585	598	580	581	558	486	409	339	369
5,265	4,946	4,808	4,758	4,618	4,666	4,454	4,320	3,986	3,348	3,001	2,709	2,641
4,292	4,161	3,774	3,550	3,550	3,612	3,398	3,697	3,564	3,124	2,872	2,706	2,504
1,055	953	942	928	860	864	829	791	686	579	515	508	489
292	268	240	203	153	131	121	118	106	92	88	70	78
121	108	89	65	57	48	39	35	36	24	16	13	16
682	685	623	722	791	1,081	1,317	875	1,122	1,196	1,125	1,233	1,297
1,743	1,598	1,619	1,556	1,956	2,106	2,021	1,845	1,490	1,347	1,183	959	869
5,060	5,168	5,184	5,002	4,708	4,639	4,384	4,259	3,808	3,326	3,043	2,710	2,532
314	348	335	358	319	289	247	232	221	166	154	141	114
149	111	88	67	72	71	72	57	48	42	41	48	40
533	468	441	421	381	362	341	342	331	259	252	236	236
183	183	152	168	212	237	246	271	257	219	183	149	121
25	25	28	25	22	22	23	21	18	19	21	22	19
278	262	312	333	350	329	338	342	326	280	302	293	302
37	47	51	31	25	23	24	18	21	13	13	17	11
116	68	54	42	40	38	34	36	33	27	31	28	28
93	86	114	76	67	65	64	59	65	55	54	49	56
98	106	109	96	102	99	96	87	95	66	65	59	57
42	40	37	32	46	37	56	47	44	42	26	29	30
135	107	94	82	86	73	57	50	46	42	37	30	29
176	173	165	178	199	227	208	235	256	260	267	252	246

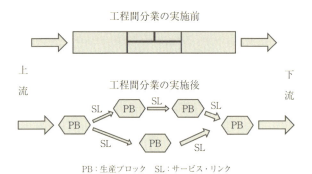

図4-4. 工程間分業とサービスリンクコスト
出所：Kimura（2006）

井口（2011）は製造業の国内回帰に関し、ブラジル日系人の地域労働市場への流入の影響について検証を行っている。橋本（2010）は外国人研修生・技能実習生の活用について、賃金競争力で劣る企業による技能実習制度の活用が進んでいる一方、賃金競争力のある企業においても、技能実習生制度を人材ポートフォリオの中に位置づけ、さらに生産性を高めようとしている企業の存在について明らかにしている。

またKimura（2006）は、従来の上流・下流といった生産工程ではなく、各国の生産拠点をつなぐサービスリンクコストが低下することにより、生産分業体制が変化していることを説明している。ASEAN地域を中心とするアジア新興国経済の台頭に伴い、従来のように最終消費地が先進国だけではなく、新興国市場にも広がっていく中、当然、下記の生産分業体制も、さらに複雑になっていくと考えられる（図4-4参照）。

しかし、日本の地域労働市場とアグロメレーションとの関係性において、外国人を受け入れることが、受け入れ地域にどういった便益をもたらすのかという視点での研究は依然として不足している。特に従来の労働経済学の議論では、ミクロ要因を変数として用いたアプローチが中心であり、国際経済などの

マクロ経済要因が労働市場に与える影響について十分な分析がされておらず、マクロ国際経済が地域労働市場に与える影響についての研究が行われる必要がある。

4. Layard & Nickell モデルの援用による地域労働市場の賃金規定要因の理論的分析

本節では地域労働市場における労働需給ミスマッチが拡大していることをふまえ、労働市場の不均衡モデルを応用して、フィリップス曲線と整合的な賃金関数を導出することにより、地域労働市場と地域の生産性に与える影響についての理論的考察を行うことを目的とする。

地域労働市場を考察するうえでは、深刻化する需給ミスマッチについての留意が必要である。Layard & Nickell (1986) は労働市場に常時存在する不均衡の存在を、賃金水準以外の様々な要因によるミスマッチの存在をふまえたモデルによって説明した。このモデルでは未充足求人と失業者が同時に存在しており、この失業水準のことを Non-Accelerating Inflation Rate of Unemployment (NAIRU) と定義している（図4-5参照）。

このモデルを援用し、失業率と欠員率に加えて資本と人材のアグロメレーションがもたらす影響について労働市場の不均衡モデルを用いた理論的検証を行う。

従来の先行研究が行ってきた賃金関数はミンサー型の賃金関数（Mincer, 1963）など、学歴や職歴を説明変数として用い、個人データを用いて実証分析を行ったものが中心であった。

しかし、これらの賃金関数モデルではマクロ経済要因が変数として含まれていないため、外国人労働者が地域労働市場に流入した場合に、地域労働市場に与える影響についての検証を行うことは難しい。

そこで、まず、失業率 (u) と欠員率 (v) の差が賃金に与える影響について検証するため、

賃金関数： $\frac{w}{w} = f(u-v)$ と仮定する。

ただし、$u = q(v)$ $(v=g^{-1}(u))$

g'＜0

つまり、$\frac{w}{w} = f(u-v) = f(u-g^{-1}(u))$

または、$\frac{w}{w} = f(u-v) = f(g(v)-v)$ である。

このように失業率（u）と欠員率（v）によって賃金は決定され、この数値が0となる時がNAIRUとなり、不均衡賃金の水準で賃金が均衡している状況が発生する。

このモデルはフィリップス曲線と整合的であるだけでなく、ベバリッジカーブとも整合的な関数であるといえる。

次に、アグロメレーションの地域労働市場への影響を検証するためにLayard & Nickellモデルを拡張し、資本と人材の流入が発生した不均衡モデルによる立証を行う。

まず、アグロメレーションへの資本の流入が発生し、労働需要曲線が右側にシフトすると仮定する。この場合、賃金水準はWからはW'へ増加し、aの雇用人数が増加する。

次に、アグロメレーションへの人材の流入[2]が発生し、雇用曲線は賃金水準WにおけるEEから賃金水準W'におけるE'E'へシフトすると仮定する。この結果、bの欠員が解消されることになる（図4-6参照）。

5. 地域労働市場の賃金に関する実証的分析

(1) 記述統計

本節では地域労働市場の生産性と賃金の規定要因に関する分析を行うため、各都道府県の5人以上の事業所の現金給与総額を被説明変数として用いる。説明変数には経済産業省『工業統計調査』、厚生労働省『一般職業紹介状況』、

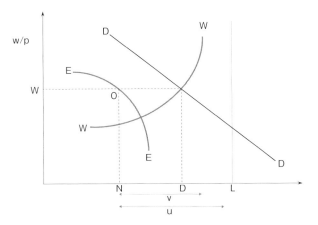

図 4-5. Layard & Nickell モデル
出所：Bellman & Jackmann (1996) をもとに筆者作成
N：DD と WW の均衡点における雇用者数　u：失業率（L-N）/L　V：欠員率（D-N）/N

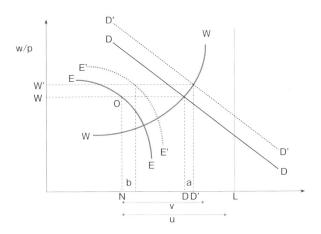

図 4-6. 拡張された Layard & Nickell モデル
出所：筆者作成
N：DD と WW の均衡点における雇用者数　u：失業率（L-N）/L　V：欠員率（D-N）/N
a：雇用曲線の移動による雇用人数の変化
b：雇用可能曲線に伴う雇用曲線の移動による雇用人数の変化

表4-3. 地域労働市場の賃金規定要因分析に関する記述統計

	度数	最小値	最大値	平均値	標準偏差
県外転入者数	423	5,591	248,593	32,529.85	42,279.542
資本ストック（100万円）一人当たり	423	11.98	279.18	49.4809	38.39726
事業所数	423	576	727,646	40,151.50	98,027.222
失業率（％）	423	2.2	8.4	4.354	1.0961
有効求人倍率	423	0.23	1.91	0.7586	0.29405
ブラジル国籍者（人数）	423	16	80,401	5,924.99	11,393.955

「毎月勤労統計調査」、総務省『住民基本台帳移動報告』、法務省「在留外国人統計」の統計データから、各都道府県の県外転入者数、従業員一人当たりの資本ストック、事業所数、失業率、有効求人倍率、ブラジル人の在留登録人数を用いる。また、今回の分析では賃金の規定要因を分析するうえで、リーマンショック以降の世界経済危機の外的経済要因の影響の大きさを考慮し、2000年から2007年の8年間の全国47都道府県データをプールし、376のサンプルを用いた分析を行っている。記述統計は以下の通りである（表4-3、図4-7、図4-8、図4-9、図4-10、図4-11、図4-12参照）。

(2) 実証分析

本節では、第4節でも検証を行った賃金決定関数について、アグロメレーションが進行する状況下においての整合性について、マクロ経済データを用いた実証分析によって明らかにする。実証分析における仮説と説明変数、被説明変数は下記の通りである。

第1の仮説として、県外転入者数（人口の集積）が増加すると、生産性が上昇して賃金が増加すると考えられる。

第2の仮説として、従業員当たり資本ストック（資本の集積）が増加すると、生産性の上昇に伴って賃金が増加すると考えられる。

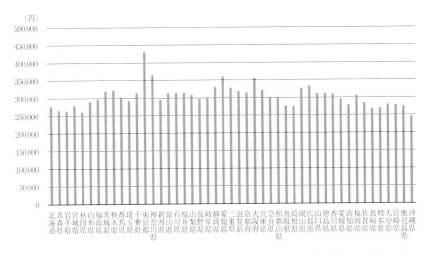

図4-7. 2007年度における各都道府県の現金給与総額（5名以上の事業所）
出所:「毎月勤労統計調査」をもとに筆者作成

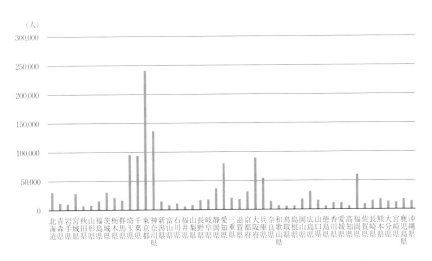

図4-8. 2007年度における各都道府県の県外からの転入者数
出所:「住民基本台帳人口移動報告」をもとに筆者作成

第Ⅲ部　国内労働市場における外国人労働者の役割と社会統合の課題

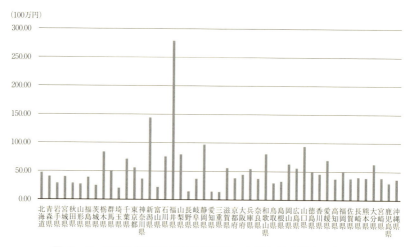

図4-9. 2007年度における従業員一人当たりの資本ストック
出所:「工業統計調査」をもとに筆者作成

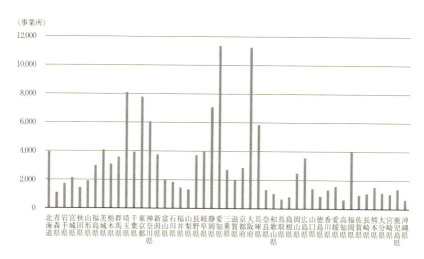

図4-10. 2007年度における各都道府県の事業所数
出所:「工業統計調査」をもとに筆者作成

第4章　地域労働市場の需給ミスマッチとアグロメレーションに関する経済学的研究

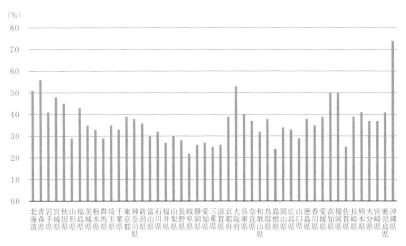

図4-11．2007年度における各都道府県の失業率
出所：「労働力調査」をもとに筆者作成

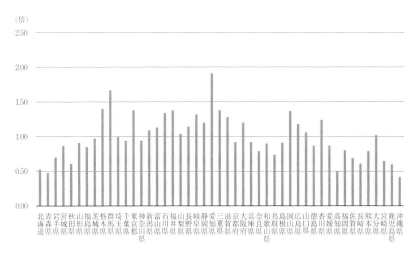

図4-12．2007年度における各都道府県の有効求人倍率
出所：「毎月勤労統計調査」をもとに筆者作成

第3の仮説として、事業所数（企業の集積）が増加すると、集積効果によって生産性が上昇し、賃金が増加すると考えられる。

　第4の仮説として、失業率が増加すると、労働市場における留保賃金が低下するため、賃金が下落すると考えられる。

　第5の仮説として、欠員率が上昇すると、留保賃金も増加し、賃金水準が上昇すると考えられる。なお本章では欠員率に関する都道府県データの制約から、欠員率の代理変数として有効求人倍率を用いる。

　第6の仮説として、各都道府県に在留するブラジル人が増加すると、地域労働市場の需給ミスマッチが緩和され、賃金が増加すると考えられる。

（計量方程式）

$Y = a_0 + a_1 X_1 + a_2 X_2 + a_3 X_3 + a_4 X_4 + a_5 X_5 + a_6 X_6 + u$

Y：現金給与総額（5人以上事業所）

X_1：県外転入者数（人口の集積）

X_2：従業員当たり資本ストック（資本の集積）

X_3：事業所数（企業の集積）

X_4：失業率

X_5：有効求人倍率　（欠員率の代理変数）

X_6：ブラジル国籍者数

u：誤差項

　第1の県外転入者数が増加すると、集積効果によって生産性が上昇し、賃金が増加すると考えられるという仮説は1％水準で支持された。

　第2の仮説である従業員一人当たり資本ストック（資本の集積）が増加すると、賃金が増加するという仮説は1％水準で支持された。

　第3の仮説である事業所数（企業の集積）が増加すると、賃金が増加するという仮説は1％水準で支持された。

　第4の仮説である失業率が上昇すると、賃金が低下するという仮説は5％水

表 4－4. 地域労働市場の賃金規定要因に関する実証分析結果

被説明変数： 現金給与総額（5名以上の事業所）	係数	T-value	有意確率
県外転入者数	0.495	20.01***	0.000
資本ストック（100万円）一人当たり	91.426	3.597***	0.000
事業所数	0.062	5.97***	0.000
失業率（％）	-2816.835	-2.489**	0.013
有効求人倍率	9561.037	2.094**	0.037
ブラジル国籍者（人数）	0.329	3.359***	0.001
定数	296918.065	40.74***	0.000
サンプル数	376		
調整済 R^2	0.634		

注 ：***1％水準で有意、**5％水準で有意

準で支持された。

第5の仮説である欠員率の代理変数としての有効求人倍率が上昇すると、賃金が増加すると考えられるという仮説は5％水準で支持された。この結果は欠員率の代理変数である有効求人倍率と、失業率の関係に関してフィリップス曲線と整合的な結果であるといえる。

また、第6の仮説である日系ブラジル人が増加すると、地域労働市場の労働需要が増加し、賃金が増加するという仮説は1％水準で支持される結果となった。これはブラジル人の地域労働市場への流入によって、集積としての競争力が高まった結果であると考えられる。

6. 結論と提言

本研究では、労働市場の不均衡モデルを応用して、フィリップス曲線と整合的な賃金決定関数を導出した。そして、産業集積の発展の規定要因を特定するとともに、地域労働市場の需給ミスマッチが存在することを前提に、外国人労働者の地域労働市場への流入の影響について理論的及び実証的検証を行った。

その結果、地域の労働市場にとって、資本や人材の集積が地域の生産性に寄与していることに加え、移動性の高い日系ブラジル人の地域労働市場への流入が、地域産業集積の発展に寄与している可能性が確認された。

　この結果は地域労働市場において、若年労働者の都会への流出や高学歴化に伴う労働需給ミスマッチが生じている中で、資本や労働力といった生産要素に加え、外国人労働者が地方労働市場の需給ミスマッチを緩和するなどのかたちで地域の生産性向上に寄与していることを示唆している。地域労働市場の需給ミスマッチが緩和されない場合、アグロメレーションの規模の経済・範囲の経済のメカニズムが働かず、地域としての競争力を低下させる恐れがある。

　地域の産業集積の発展を促進するうえで重要なことは、日本人・外国人を問わず適切な職業訓練によって、需給ミスマッチが拡大している職種に必要なスキルの形成を促進し、その仕組みを確立することで人材や企業の更なる流入を促進することである。労働需給ミスマッチが生じている職種のすべてを、短期的な海外からの労働者の流入によって解消するというのは現実的ではなく、すでに国内、地域にいる人材のポテンシャルを、適切な社会統合政策を通じて、いかに発揮させるかという視点が重要である。

　なお、本分析では労働市場の需給ミスマッチに関し、職種別や技能別の詳細な分析を行うまでには至っておらず、研究対象をより細分化することで新たなファインディングを得られるのではないかと考えられる。また、本章では世界経済危機以降のマクロ経済データの制約上、経済危機前との比較を行うことができなかったが、今後の研究においては、世界経済危機前と世界経済危機後の比較の中から、より詳細な賃金の規定要因に関する分析が可能となると考えられる。

【注】

1　2009年度に厚生労働省が実施した日系人帰国支援事業におけるブラジル国籍者の出国者は2万53人であった。同事業では、渡航費について一人当たり30万円、家族については20万を支給するものであるが、一定期間は同様の地位・身分に基づく在留資格による再入国

を認めないという条件がついていた。同条件は 2013 年 9 月に解除された。
2 　流入した労働者と受け入れ地域の労働者は補完的な関係であると仮定する。

第5章
地域労働市場の需給ミスマッチと外国人労働者の動向
— 日系人、新日系人及び技能実習生をめぐって —

1. 問題の所在

　世界経済危機以降、低迷していた日本経済と労働市場は2012年末頃から、回復基調をたどった。財務省「法人企業統計調査」によれば、2013年度の企業の経常利益は、大企業だけでなく、中小企業においても回復基調となっていた。厚生労働省「職業安定業務統計」によれば、完全失業率は2013年6月に4年8カ月ぶりに4%を下回り、有効求人倍率も2013年末には、6年ぶりに、1倍を超える水準まで回復した。世界経済危機後に0.45倍まで落ち込んだ有効求人倍率も2013年末には1倍以上へ6年ぶりに回復した。さらに、東京五輪に向けた建設需要の増加も本格化しており、労働需給ミスマッチが深刻な社会問題になろうとしている。

　こうした状況に対し、技能実習生の延長措置などを通じた対処が検討されている。労働需給ミスマッチの問題に対し、外国人労働者の活用による対処が検討されるのは、今回が初めてではない。製造業を中心とした労働力確保が深刻化する中、1990年の出入国管理及び難民認定法(以下、「入管法」という)の改正によって、日本社会は地位・身分に基づく在留資格(「定住者」「永住者」など)による外国人労働者の受け入れを本格化することとなった。そして、外国人労働者の人数は右肩上がりで増加していたが、2008年のリーマンショックを契機とした世界経済危機が日本経済を襲った時、南米日系人労働者らの大量解雇が発生した。その結果、2008年に31万6967人もの外国人登録があったブラ

ジル人登録者数は 2013 年には 18 万 1317 人にまで減少した。この際、南米日系人労働者とその家族の帰国後の就業・就学が日本と南米の両社会において大きな問題となったことは、忘れられるべきではない。

そして、こうした緊急大量帰国を生み出した深刻な事態は、日系ブラジル人労働者と同様、非正規雇用で働いていた日本人非正規労働者の置かれている社会的基盤の脆弱性も示唆している。西村（2012）が行った分析では、非正規雇用者のワークライフバランスは正規雇用者以上に深刻な問題となっており、そのことが非正規雇用者の欠勤率や離職率を高め、企業が非正規雇用者への投資を行わないという悪循環を生み出している。

厚生労働省によれば、非正規労働者は、1993 年に 986 万人であったが、2003 年に 1504 万人と 10 年間の間に約 52.5％も増加し、2013 年には 1906 万人と 20 年間で約 2 倍にまで増加した。特に 15 〜 24 歳の非正規労働者割合は 1993 年の 11.5％が 2003 年には 32.1％、2013 年には 32.3％にまで増加し、15 〜 24 歳の労働者の約 3 分の 1 が非正規労働者として就労する構造となっている。

このように、外国人労働者の雇用問題と日本人労働者、特に非正規雇用・若年失業者の問題は、密接に関わっている。そこで、外国人労働者市場の分析を通じ、日本の労働市場全体への知見を得ようとするのが、本章の目的である。さらに、外国人労働者の中で重要な役割を担ってきた日系人、新日系人、技能実習生の関係について検証を行うことも、本章の重要な狙いとしている。なお、日系人の出身地は多様であるが、本章では日系人の大半を占める日系ブラジル人と新日系人（日本人の父母または祖父母をもつフィリピン人とその配偶者）の大半を占める日系フィリピン人に研究の焦点を当て、議論を進めることとする。

2．先行研究

志甫（2012）は、地方における少子高齢化が進行し、若年労働人口の減少が深刻化する中で、外国人研修生・技能実習生の人数が大幅に増加に転じたこと

に着目し、外国人研修生・技能実習生などの柔軟な労働力が、地域労働市場における需給ミスマッチの緩和と、景気回復に伴う生産増への対応の2つの役割を担っていたことを明らかにした。橋本（2011）は、労働生産性の低い企業が「使い勝手」の良さから外国人研修生・技能実習生を日系人労働者よりも重用する傾向がある一方で、生産性が高い企業においても、人材ポートフォリオの中に外国人研修生・技能実習生を位置づけ、高い生産性が必要なポジションに、適切な人材を配置することで組織の生産性を高めようとする企業の存在を明らかにしている。また橋本（2009）は、ブラジル人労働者が間接雇用という形態によって企業の需要に対して柔軟な労働供給を果たしており、景気循環の影響を強く受ける構造であることも指摘している。

また、ミドルスキル労働市場に関しては、Holzer & Lerman（2009）が中技能労働を、高校卒業以上の教育と訓練を必要とするが、大卒学位（学士）を求めるほどの難易度ではない仕事と定義し、こうした層への公共職業訓練を充実させることの重要性を強調している。

そして、こうした外国人の労働環境を考えるうえでは、製造業を中心とする国際的な生産分業構造の変化に関する考察が必要不可欠である。Ito & Iguchi（1994）が指摘したように、日本企業の直接投資の増加により、ASEAN 地域に多くの製造業雇用が生まれ、ASEAN 地域を中心とした国際分業が 1990 年代から進行していった。そうしたフラグメンテーションの進行は、国内産業の空洞化ではなく、むしろ、付加価値の高い工程における日本の製造業拠点の重要性を発揮する好機となった。この点について、井口（2011）は、日系ブラジル人などの外国人労働者による柔軟な労働力の供給が、1990 年代に空洞化が進んだ日本の製造業の 21 世紀に入ってからの国内回帰に寄与していることを明らかにした。

なお、梶田ら（2005）が詳細に記述したように、日系ブラジル人が置かれている労働環境は、日本人労働者が好まない厳しい労働環境であるだけでなく、非正規雇用が中心の非常に不安定なものであった。樋口（2011）は経済危機後の在日南米人の出入国記録に着目し、2009 年1月からの3カ月でブラジル国

籍者の出国超過が1万人近く（人口の3%強）になっていたことから、日本社会におけるブラジル人の生活基盤は脆弱なものであった可能性について言及している。

一方、日本に在住するフィリピン人は、日本人との結婚、家族形成などにより、永住化、定住化の傾向が高く、近年急速に増加している。高畑（2009）はホームヘルパー資格講座の提供など、人材派遣会社がフィリピン人の介護労働市場参入を促進する役割について言及し、日本社会の高齢化に伴い、フィリピン人が、介護人材として重要な役割を担う可能性について指摘している。

そして、外国人の労働市場に関する研究は、海外でも数多く行われている。例えば、Gangら（2013）は、外国人労働者の失業率は現地の国民より高くなる傾向があり、外国人労働者とその家族は困難な状況に直面する場合が多い点について言及している。Bodvarsson & Van den Berg（2013）によれば、外国人労働者と彼らの家族は社会階層の下層部に留まるリスクも高く、その脆弱性が危惧されている。

以上のように、日系ブラジル人、新日系人及び外国人研修生及び技能実習生の、それぞれの状況についての研究は、これまでも詳細に進められてきた。しかし、外国人労働者市場全体を構造的に分析し、各グループを比較するかたちで行う総合的な分析は、まだ十分であるとは言い難く、市場分析を通じた、非正規労働者などの日本の労働市場を分析する基礎となるデータの提供についても十分ではない。

3. 外国人労働者を取り巻く環境の変化

本節は、少子化による生産労働人口の減少と高学歴化などの要因により、外国人労働者を取り巻く環境がどのように変化したかについて概観する。

日本の生産年齢（15～64歳）人口は1990年代をピークとして減少に転じ、1995年の8716万人から2010年には8100万人へと減少している。国立社会保障研究所の推計によれば、日本の生産労働人口は2020年には7341万人、2030

年には 6773 万人に減少することが予測されており、経済活動の発展の大きな妨げとなっている。そして、こうした生産労働人口の減少の問題は、特に、地方都市において深刻な問題となってきた。若年労働者を中心に、地方から都市部への人口流出という構造が続いており、非大都市圏の生産労働人口の減少は長期的に深刻な課題となっている（図 5-1 参照）。

生産年齢人口の減少に加え、労働需給ミスマッチの要因となっているのが大学進学率の上昇である。大卒進学率は 1990 年には 24.6％であったが、2000 年には 39.7％と急速に上昇し、2010 年には 50.9％にまで達した（図 5-2 参照）。

こうした大学進学率上昇の影響もあり、井口（2011）が指摘するように、高校卒業後の数年間の専門職養成を担ってきた養成機関において、定員が充足されない状況が続いており、ミドルスキル職種における労働需給ミスマッチを生み出す要因となっている。この結果、ミドルスキルの労働需要が高まり、日系人、新日系人が、その労働需給ミスマッチを補っているという可能性がある。前述の通り、労働力確保の問題が深刻化する中、1990 年に改正入管法が施行され、日系人の来日増加などの大きな変化が起こった。1989 年の入管法の改正以降、在日ブラジル人は 1990 年の 5 万 6429 人から急速に増加し、ピークとなる 2007 年には 31 万 6979 人にまで増加した。しかし、世界経済危機後急速に減少し、2013 年には 18 万 1317 人と、わずか 6 年の間に在日ブラジル人は 2007 年の 57％にまで減少する事態となった[1]。一方、フィリピン人も入管法改正以降、着実に増加を続け、注目すべきことに 2008 年の世界経済危機以降も増え続けている。その結果、2013 年の在日フィリピン人は 20 万 9183 人にまで増加し、ブラジル人の人数を上回っている。

都道府県別の推移では、2007 ～ 2013 年の間に東海 3 県、群馬県、長野県を中心として各都道府県で大幅な減少が進み、ほとんどの都道府県でブラジル人登録者は 40 ～ 50％程度、減少している（表 5-1 参照）。

その一方で、日本国内に在留するフィリピン国籍者は安定して増加しており、2012 年にはフィリピン国籍者がブラジル国籍者を上回るなど、対照的な動きとなっている。都道府県別の推移では、2007 ～ 2013 年の間に、東京、千

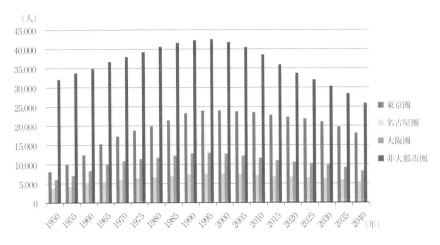

図5-1. 三大都市圏と非大都市圏の生産労働人口推移
出所:『日本の地域別将来推計人口』をもとに筆者作成

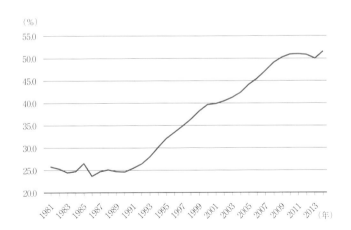

図5-2. 大学(学部)への進学率推移(過年度高卒者等を含む)
出所:学校基本調査(年次調査)をもとに筆者作成

表5-1. 2007～2013年のブラジル人外国人登録者数推移（登録者数上位20都道府県のみ）

	2007年	2008年	2009年	2010年	2011年	2012年	2013年	同期間の減少人数	2013年÷2007年
愛知	80,401	79,156	67,162	58,606	54,458	50,533	48,734	31,667	60.6%
静岡	52,014	51,441	42,625	36,706	33,547	29,668	27,623	24,391	53.1%
三重	21,717	21,668	18,667	16,335	14,986	13,324	12,993	8,724	59.8%
岐阜	20,912	20,481	17,078	14,515	13,327	11,531	10,565	10,347	50.5%
群馬	17,158	17,522	15,324	13,891	12,909	12,197	11,982	5,176	69.8%
長野	15,783	14,612	10,938	8,595	7,504	6,298	5,650	10,133	35.8%
滋賀	14,342	14,417	11,384	9,542	8,710	8,166	7,958	6,384	55.5%
神奈川	14,107	14,248	13,091	11,166	10,060	9,145	8,743	5,364	62.0%
埼玉	13,950	13,844	12,301	10,462	9,123	8,214	7,884	6,066	56.5%
茨城	11,407	11,430	10,200	8,536	7,427	6,780	6,281	5,126	55.1%
栃木	8,585	8,707	7,710	6,638	5,688	4,996	4,739	3,846	55.2%
千葉	6,087	6,354	6,004	4,973	4,289	3,851	3,690	2,397	60.6%
山梨	5,089	5,028	4,318	3,693	3,311	2,972	2,768	2,321	54.4%
東京	4,550	4,574	4,439	3,808	3,476	3,219	3,163	1,387	69.5%
大阪	4,454	4,320	3,986	3,348	3,001	2,709	2,641	1,813	59.3%
富山	4,387	4,087	3,313	2,916	2,737	2,399	2,220	2,167	50.6%
広島	4,384	4,259	3,808	3,326	3,043	2,710	2,532	1,852	57.8%
兵庫	3,398	3,697	3,564	3,124	2,872	2,706	2,504	894	73.7%
福井	3,062	2,601	2,393	2,488	2,510	2,684	2,366	696	77.3%
岡山	2,021	1,845	1,490	1,347	1,183	959	869	1,152	43.0%
石川	1,704	1,740	1,547	1,362	1,181	966	855	849	50.2%

出所：法務省「在留外国人統計」各年度版をもとに筆者作成

表 5－2. 2007～2013年のフィリピン人外国人登録者数の推移（登録者数上位20都道府県のみ）

	2007年	2008年	2009年	2010年	2011年	2012年	2013年	2007/2013年比率
東京	31,313	31,687	31,567	30,614	29,878	28,149	28,545	109.7%
愛知	24,065	25,829	25,923	26,185	26,636	26,248	27,523	87.4%
神奈川	17,789	18,502	18,447	18,047	18,253	17,718	18,263	97.4%
埼玉	15,867	16,631	16,854	16,675	16,552	16,111	16,558	95.8%
千葉	16,331	16,709	17,278	16,870	16,433	15,437	15,801	103.4%
静岡	11,909	12,766	12,548	12,541	12,517	12,358	12,793	93.1%
岐阜	8,176	8,804	8,465	8,521	8,971	9,014	9,352	87.4%
茨城	7,542	7,739	8,021	7,991	7,944	7,900	7,993	94.4%
大阪	5,527	5,711	5,981	6,081	6,177	6,016	6,220	88.9%
三重	4,716	5,070	5,105	5,479	5,419	5,388	5,796	81.4%
群馬	5,977	6,199	6,080	6,037	6,036	5,688	5,787	103.3%
広島	4,824	4,905	5,215	5,151	5,145	4,946	5,065	95.2%
福岡	3,501	3,677	3,680	3,789	3,707	3,747	3,922	89.3%
長野	4,423	4,534	4,378	4,215	4,099	3,790	3,841	115.2%
栃木	3,374	3,513	3,565	3,693	3,736	3,698	3,820	88.3%
兵庫	3,131	3,288	3,326	3,438	3,477	3,494	3,531	88.7%
福島	2,405	2,481	2,366	2,284	2,160	2,057	2,156	111.5%
新潟	2,211	2,227	2,237	2,145	2,169	2,049	2,089	105.8%
滋賀	1,842	1,927	1,837	1,816	1,830	1,888	1,979	93.1%

出所：法務省「在留外国人統計」各年度版をもとに筆者作成

葉、群馬、長野、福島、新潟などで増加しており、ブラジル人とは対照的である（表 5-2 参照）。

また、日本に在留するフィリピン人とブラジル人の違いとして、フィリピン人が全国に偏在しているのに対し、ブラジル人は静岡県浜松市や群馬県大泉町など特定の市町村に集住する傾向がある（図 5-3、図 5-4 参照）。

就労形態と就労分野に関しては、ブラジル人の 5 ～ 6 割が派遣・請負という形態で製造業分野に就労しているのに対し、フィリピン人の請負・派遣比率は 30 ～ 35％と日系ブラジル人に比べて低い割合となっている。また製造業比率は 50％以下であり、卸売業・小売業や宿泊・飲食など、サービス分野での就労の割合が日系ブラジル人に比べて高い点も特徴的であるといえる（表 5-3、表 5-4 参照）。

次に、外国人の年齢構成に関し、世界経済危機前後の違いについても分析するために、2006 年と 2013 年の「在留外国人統計」を用いて比較を行う。まず、ブラジル人に関しては、2006 年時点では 25 ～ 29 歳が男性 2 万 2110 人、女性 1 万 8978 人と男女ともに最多となっており、それ以降は、年齢が上がるごとに人数が徐々に減少するような構造となっている（図 5-5 参照）。

2013 年になると、来日して日本に定住した労働者の影響もあり、棒グラフが全体的に右側へと推移して、35 ～ 39 歳が最も多くなっており、それ以降は年代が上がるとともに人数が減少している（図 5-6 参照）。

一方、フィリピン人に関しては 2013 年 12 月末の統計では女性の総数が 16 万 729 人と男性の 4 万 8216 人の 3.3 倍となっている点が特徴的である。この背景は、1980 年代後半から「興行」の在留資格で来日したフィリピン人女性が日本で日本人男性と結婚し、家族形成をして日本に定住したことが主な要因であると考えられる（表 5-5 参照）。

対照的に、フィリピン人男性は 25 ～ 29 歳が 7794 人と最も多く、世界経済危機前の 2006 年と世界経済危機後の 2013 年の両方において 25 ～ 29 歳が最大の人数となっており、30 代以降、年齢が上がるにつれて人数が減少している。こうした構造はブラジル人の男女とも共通しており、若年労働者への需要が高

第5章　地域労働市場の需給ミスマッチと外国人労働者の動向

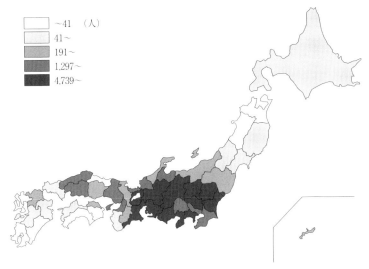

図5-3．在日ブラジル人の分布（2013年末）
出所：法務省「在留外国人統計」(2014) をもとに筆者作成

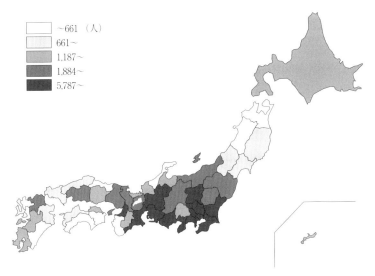

図5-4．在日フィリピン人の分布（2013年末）
出所：法務省「在留外国人統計」(2014) をもとに筆者作成

表5-3. 2008〜2013年の在留ブラジル人の就労分野別従業員数推移

(単位：人)

	従業員数	うち派遣・請負	就労分野							
			製造	情報通信	卸売・小売	宿泊・飲食	教育・学習	その他サービス(左に分類されないもの)
2008年	99,179	―	53,121 (53.6%)	―	1,694 (1.7%)	314 (0.3%)	586 (0.6%)	37,027 (37.3%)
2009年	104,323	―	56,450 (54.1%)	580 (0.6%)	2,538 (2.4%)	733 (0.7%)	573 (0.5%)	31,496 (30.2%)
2010年	116,363	70,034 (60.2%)	65,778 (56.5%)	697 (0.6%)	2,569 (2.2%)	975 (0.8%)	626 (0.5%)	32,630 (28.0%)
2011年	116,839	68,854 (58.9%)	66,218 (56.7%)	713 (0.6%)	2,662 (2.3%)	985 (0.8%)	653 (0.6%)	32,483 (27.8%)
2012年	101,891	57,035 (56.0%)	58,347 (57.3%)	711 (0.7%)	2,476 (2.4%)	978 (1.0%)	625 (0.6%)	27,517 (27.0%)
2013年	95,505	52,939 (55.4%)	53,959 (56.5%)	619 (0.6%)	2,540 (2.7%)	1,108 (1.2%)	618 (0.6%)	25,497 (26.7%)

出所：外国人雇用届出状況（2014）をもとに筆者作成
注：（　）内は従業員数に占める割合

第5章　地域労働市場の需給ミスマッチと外国人労働者の動向

表5−4. 2008〜2013年の在留フィリピン人の就労分野別従業員数の推移

(単位：人)

	従業員数	うち派遣・請負	就労分野					
			製造	情報通信	卸売・小売	宿泊・飲食	教育・学習	その他サービス(左に分類されないもの)
2008年	40,544	—	19,265 (47.5%)	—	3,188 (7.9%)	1,407 (3.5%)	527 (1.3%)	10,828 (26.7%)
2009年	48,859	—	23,183 (47.4%)	505 (1.0%)	4,229 (8.7%)	1,943 (4.0%)	646 (1.3%)	9,026 (18.5%)
2010年	61,710	21,634 (35.1%)	29,829 (48.3%)	535 (0.9%)	4,928 (8.0%)	2,582 (4.2%)	761 (1.2%)	11,677 (18.9%)
2011年	70,301	24,132 (34.3%)	33,359 (47.5%)	651 (0.9%)	5,780 (8.2%)	2,938 (4.2%)	860 (1.2%)	13,704 (19.5%)
2012年	72,867	23,645 (32.4%)	34,615 (47.5%)	695 (1.0%)	5,936 (8.1%)	3,225 (4.4%)	892 (1.2%)	13,755 (18.9%)
2013年	80,170	24,827 (31.0%)	37,253 (46.5%)	679 (0.8%)	6,781 (8.5%)	3,841 (4.8%)	1,004 (1.3%)	14,853 (18.5%)

出所：外国人雇用届出状況（2014）をもとに筆者作成
注：（ ）内は従業員数に占める割合

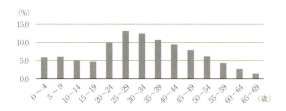

図5-5. ブラジル人外国人登録者年齢別分布（2006年）
出所：法務省「在留外国人統計」（2007）をもとに筆者作成

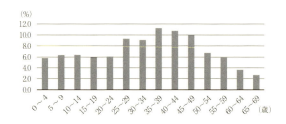

図5-6. ブラジル人外国人登録者年齢別分布（2013年）
出所：法務省「在留外国人統計」（2014）をもとに筆者作成

いことが観察される。対照的に、フィリピン人女性は2006年から2013年にかけて人口構成の棒グラフが全体的に右側に移行しており、定住化が進んでいると考えられる（図5-7、図5-8参照）。

また、外国人研修生・技能実習生に関しては、在留資格「研修」は2007年まで右肩上がりの増加を記録し、8万8086人に達したが、2008年には8万6826人と減少に転じ、2009年は6万5209人と大幅に減少したが、その後、再び回復基調となっている（図5-9参照）。

なお、2010年に外国人技能実習生の法的保護の強化を目的とした改正入管法の一部が施行されたことに伴い、2010年からは1年目が在留資格「技能実習1号」、2年目と3年目が「技能実習2号」へと変更となっている。本章で

表5-5. フィリピン人年齢・男女別外国人登録者数(2013年12月末)

(単位:人)

	男性	女性	合計
0〜4歳	3,136	3,086	6,222
5〜9歳	3,538	3,474	7,012
10〜14歳	3,484	3,648	7,132
15〜19歳	3,992	4,385	8,377
20〜24歳	6,179	7,309	13,488
25〜29歳	7,794	13,895	21,689
30〜34歳	6,343	23,319	29,662
35〜39歳	4,108	24,520	28,628
40〜44歳	3,074	31,300	34,374
45〜49歳	2,776	27,320	30,096
50〜54歳	1,942	12,479	14,421
55〜59歳	1,131	4,297	5,428
60〜64歳	543	1,293	1,836
65歳以上	176	404	580
合計	48,216	160,729	208,945

出所:法務省「在留外国人統計」(2013)をもとに筆者作成

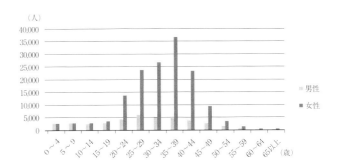

図5-7. フィリピン人外国人登録者年齢別分布(2006年)

出所:法務省「在留外国人統計」(2007)をもとに筆者作成

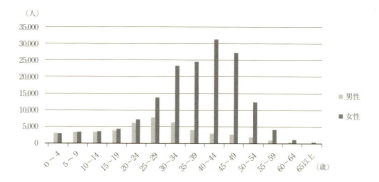

図5-8. フィリピン人外国人登録者年齢別分布（2013年）
出所：法務省「在留外国人統計」（2014）をもとに筆者作成

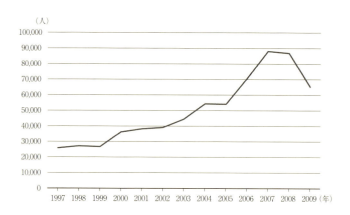

図5-9. 在留資格「研修」推移
出所：法務省「在留外国人統計」（各年次）をもとに筆者作成

表5-6. 技能実習2号移行申請者数の国籍別推移

(単位：人)

	中国	ベトナム	フィリピン	インドネシア	タイ	その他	合計
2010年度	36,918	3,582	2,778	2,490	762	455	46,985
2011年度	38,779	5,388	2,452	2,871	1,045	574	51,109
2012年度	38,808	6,488	3,413	3,326	1,072	684	53,791
2013年度	35,611	7,584	3,215	3,325	1,252	760	51,747

出所：「外国人技能実習・研修事業実施状況報告（JITCO白書）」(2014年7月分)

表5-7. 職種別技能実習2号移行申請者（2013年度）

職種	人数（人）	割合（％）
農業	7,252	14.0
漁業	778	1.5
建設	5,347	10.3
食料品製造	7,148	13.8
繊維・衣服	10,385	20.1
機械・金属	10,212	19.7
その他	10,625	20.5
合計	51,747	100.0

出所：「外国人技能実習・研修事業実施状況報告（JITCO白書）」(2014年)

は都道府県別の技能実習移行申請者数を用いて分析を行う。

　技能実習移行申請者の出身地域に関しては、2011年までは中国が8割以上のシェアとなっていたが、近年はベトナムやフィリピン出身の実習生の割合も高まっている（表5-6参照）。

　次に技能実習生の就労分野に関しては繊維・衣服が20.1％、機械・金属が19.7％と製造業が中心となっているが、農業分野でも7252人（14.0％）が就労しており、各分野で重要な役割を担っているといえる（表5-7参照）。

　次に、外国人を取り巻く外部経済環境の変化に関し、製造業を中心とした統計データを用いて概観する。経済産業省が行っている工業統計調査（2014）に

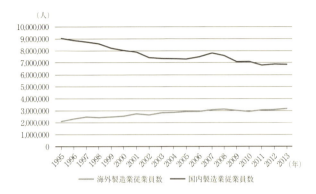

図 5-10. 国内と海外の製造業従業員数の推移
出所:「工業統計表」、「海外進出企業総覧」をもとに筆者作成

よれば、従業者 10 人以上の事業所数は 1995 年の 17 万 4418 事業所から 2013 年の 12 万 13 事業所と、3 割以上の減少となっている。ただし、井口（2011）が指摘するように 2000 年代半ばには事業所の国内回帰が発生し、国内の事業所数が増加に転じたが、世界経済危機の影響により再び減少傾向となっている。従業者数（従業者 10 人以上）も 1990 年代後半から減少をたどっていたが、事業所数と同様に 2000 年代に入ってから回復基調となり、2005 年から 2007 年にかけては大きく増加した。しかし、2008 年の世界経済危機以降は、再び減少に転じている。

次に、前述の国内の製造業の事業所数、従業員数の推移をふまえ、日系企業の海外進出と現地での雇用に関する概況を確認する。日系企業の海外進出は 1990 年半ばから加速し、1995 年には 1670 社が新たに海外進出を行った。1990 年代後半のアジア通貨危機や 2008 年の世界経済危機などの影響で減少する時期もあるが、その後も再び増加に転じている。フローの海外進出法人数の増加に伴い、ストックの現地法人数も 1990 年代から一貫して増加してきた。しかし、2007 年の 3 万 7907 法人から 2008 年の 2 万 1544 法人と世界経済危機に

よって、1万6363法人が減少（43%減少）する事態となった。

海外進出企業が海外で雇用する従業員数も、事業所数と同様に、減少する時期はあるものの、右肩上がりで増加している。また、製造業における国内と海外の従業員数に関しては、1995年には国内従業員数が約900万人に対し、海外従業員数が約200万人と、規模に非常に大きな差があったが、2013年には国内従業員数が約680万人に対し、海外従業員数が314万人と、海外従業員の比率が高まっている（図5-10参照）。

4. 低技能職種労働市場のミスマッチに関する理論的考察

本節では、低技能職種労働市場のミスマッチに関し、第4章において地域労働市場と地域の生産性に関する考察で用いたLayard & Nickellモデルを援用した検証を行う。同モデルでは、労働市場において労働需給が均衡しない背景として、賃金水準以外の様々な要件のマッチングの必要性を指摘した（図5-11参照）。このモデルでは、労働市場全体の労働供給量は短期的には変化しないため、労働供給曲線は、Lの垂直直線となっている。労働供給量（WW）は右肩上がりとなっている一方、雇用需要曲線（DD）は右肩下がりの直線となっている。本モデルでは賃金水準は労働供給曲線と雇用需要曲線の交点で決定されるものの、実際の雇用量は雇用可能曲線 EE 上で決定され、D-N が未充足となるミスマッチが発生する。

筆者は、上記のモデルを援用し、低技能職種労働市場におけるミスマッチに関する理論的枠組みを考察した。それが図5-12である。本モデルにおいては、企業の雇用可能曲線は、中技能労働（EE）と低技能労働（ee）では異なるものと考える。

少子化による若年労働人口の減少と大学進学率上昇による労働需給ミスマッチが発生した場合、高卒者が主に担ってきた中技能労働（EE）と中卒者などが担ってきた低技能労働（ee）の雇用可能曲線が、それぞれ E'E' と e'e' へ移行することとなる。そして、拡大する低技能労働と中技能労働の労働需給ミス

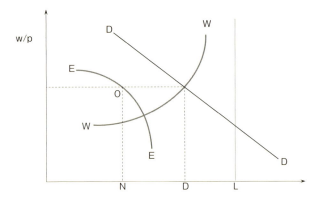

図 5−11. Layard & Nickell モデル
出所：Layard & Nickell (1986)

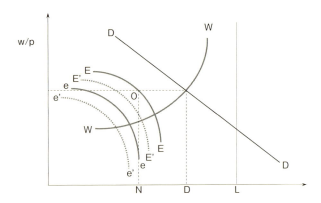

図 5−12. Layard & Nickell モデルを援用した
低技能・中技能労働市場の不均衡モデル
出所：Layard & Nickell (1986) をもとに筆者作成

マッチを埋める存在として外国人労働者への重要性が高まることとなる。研修を行いながら低技能業務を中心に担当する技能実習生は、低技能労働の需給ミスマッチ解決に寄与しやすいと考えられる。

一方、日系人と新日系人は、地位・身分に基づく在留資格を有する者が多く、多様な就労経験を積みながら人的資本を形成することが可能であるため、彼らを政策的に支援できれば、中技能労働の労働需給ミスマッチ解消に寄与することが期待される。

5. 外国人雇用の規定要因に関する計量分析

本節では前節の理論的考察をふまえ、日本における外国人雇用（①日系ブラジル人）、②新日系人（フィリピン人）、③技能実習生を被説明変数として、地域別データ及びマクロ経済データを使用し、その決定要因に関し計量的分析を行う。本分析においてはアジア開発銀行 *Key Indicators for ASIA and the Pacific*、文部科学省「学校基本調査」、経済産業省「工業統計」を用い、47都道府県のデータを1997〜2007年の合計11年分プールした。推定は最小二乗法による。計量方程式、被説明変数、説明変数及び仮説は以下の通りである。

$Y = a_0 + a_1 X_1 + a_2 X_2 + a_3 X_3 + a_4 X_4 + a_5 X_5 + a_6 X_6 + u$

Y ：各都道府県の在日ブラジル人、在日フィリピン人、技能実習生
X_1：県外就職率
X_2：完全失業率
X_3：日本 GDP デフレーター
X_4：県内従業者数（製造業）
X_5：母国 GDP 成長率（技能実習生については中国）
X_6：ブラジル人、フィリピン人、技能実習生（それぞれが被説明変数の場合は除外）
u ：誤差項

第1の仮説として、県内のミドルスキル労働需給ミスマッチが生じると、外国人労働者への需要が高まると考えられる。本分析ではデータの制約から、新規高卒就職者の県外就職率を代理変数として用いる。

　第2の仮説として、県内の失業率が高まると、企業にとって優先順位が高い人材を採用しやすくなり、外国人労働者の需要は減少すると考えられる。

　第3の仮説として、デフレーションが進行し、最終消費財の価格が下落すると、製造コスト削減の圧力が増し、人件費の削減が必要となるため、外国人労働者を活用する必要性が高まると考えられる。

　第4の仮説として、アグロメレーションの形成が進み、県内の製造業従業員数が増加すると、外国人労働者に対する需要も増加すると考えられる。

　第5の仮説として、母国の経済成長が進むと帰国して母国で働く選択をする者が増えるため、ブラジル人、フィリピン人、技能実習生の人数が減少すると考えられる[2]。なお、技能実習生については出身国が多岐にわたるため、出身者の大多数を占める中国のGDP成長率を変数として用いる。

　第6の仮説として、ブラジル人、フィリピン人、技能実習生が互いに代替関係であれば、他のグループの人数が増加した場合に、各都道府県の在留人数は減少すると考えられる。

　計量分析の結果は表5-8にまとめた通りである。

　仮説通り、新規高卒者の県外就職率が上昇するとフィリピン人が増加しており、ミドルスキルの需給ミスマッチが要因となってフィリピン人が地域労働市場に流入する可能性があることを確認することができた。一方、技能実習生に関しては、10％水準ではあるが、県外就職率が低下すると技能実習生が流入する構造となっており、県内就職率が高い地域を中心に技能実習生の活用が進んでいると考えられる。

　また、県内の失業率が高まると、日本人の若年層など、企業にとって優先順位が高い人材を採用しやすくなり、外国人労働者の需要は減少するという仮説は、ブラジル人と実習生において、1％水準で有意な結果を示した。

　デフレーションが進行し、最終消費財の価格が下落すると、製造コストを削

第5章 地域労働市場の需給ミスマッチと外国人労働者の動向

表 5－8. 外国人雇用の規定要因に関する計量分析推定結果

	在日フィリピン人			在日ブラジル人			技能実習生移行者		
	係数	T-value	有意確率	係数	T-value	有意確率	係数	T-value	有意確率
新規高卒就職者県外就職率	884.42***	2.028	0.000	47.683	1.322	0.187	-5.471*	-1.793	0.074
完全失業率	37.777	-0.847	0.324	-1930.01***	-5.951	0.000	-83.86**	-2.562	0.011
日本GDPデフレーター	-2749.77***	-3.84	0.000	-68.345	-0.3	0.764	-117.58***	-3.623	0.000
県内従業者数	96781.32***	10.868	0.000	0.05***	12.897	0.000	0.000	0.965	0.335
母国GDP成長率	-113.921	-1.29	0.625	11.647	0.063	0.949	52.914	1.621	0.106
実習生移行申請者数	0.061	0.364	0.716	4.229***	7.004	0.000	—		
ブラジル人	-35.908	0.248	0.664	—			0.03***	7.198	0.000
フィリピン人	—			0.043	0.487	0.626	0.004	0.589	0.556
定数項	66029.10***	3.646	0.000	8449.402	0.353	0.724	12250.1***	3.354	0.001
自由度調整済 R^2	0.492			0.676			0.542		
サンプル数	517			517			517		

注：*** は1%水準で有意、** は5%水準で有意、* は10%水準で有意

減するために人件費の削減が必要となるため、外国人労働者を活用する必要性が高まるという仮説は、フィリピン人、技能実習生において、1%水準で有意な結果を示したが、ブラジル人に関しては統計的に有意な結果ではなかった。

アグロメレーションの形成が進み、県内の製造業従業員数が増加すると、外国人労働者に対する需要も増加するという仮説は、統計的に有意な結果を示さなかった。

母国の経済成長が進むと帰国して母国で働く選択をする者が増えるため、ブラジル人、フィリピン人、技能実習移行申請者の人数が減少するという仮説は、有意な結果を示さなかった。

また、フィリピン人、ブラジル人、技能実習生の相互の関係については、ブラジル人と技能実習生の間には仮説とは逆で、技能実習移行申請者数が増加するとブラジル人も増加するという有意な結果が出ている。この結果は両者の関係が、代替的ではなく、むしろ補完的であることを示唆している。

6. 結論と提言

本研究では、外国人労働者がもたらす地域労働市場の需給ミスマッチの緩和に着目し、外国人労働者を取り巻く環境の変化を整理し、労働市場の需給ミスマッチに関する理論的検討を行ったうえで、マクロデータを用いた実証的な分析を行った。その結果、地域労働市場の需給ミスマッチ緩和に外国人労働者が寄与しており、特に新日系人がミドルスキル需給ミスマッチを解消する役割を担うかたちで流入している可能性があることを確認することができた。

以上の分析をふまえ、国内のミドルスキル職種における人材育成は、日本人のみならず、外国人に対しても強化されねばならない。技能実習制度の拡大だけでなく、すでに国内に居住する外国人が長期の職業訓練を受講しやすいように、母国語のサポートを伴った訓練職種の拡大（例えば、溶接工、電気工など）や訓練期間中の所得保障（現在は失業給付や求職者給付受給者のみ）の拡充は、人

口減少下で拡大する労働需給ミスマッチを緩和し、地域の産業を長期にわたり存続させ、地場雇用を生み出すために必要不可欠である（外国人集住都市会議, 2012; 井口, 2013, 2011）。

　また、今回の分析を通じ、失業率の低下などの人材確保が難しくなる状況において、ブラジル人と技能実習生の需要が同時に増加することが確認されており、両者の間に代替的な関係は観察できなかった。もちろん地域や時期によって状況は大きく異なるため一般化はできないが、技能実習生がブラジル人を代替しているという見方ではなく、近年、ブラジル人に対する技能実習生の比率が上昇ぎみであるが、両者は企業の人材ポートフォリオにおいて補完的に機能するという見方も可能である。技能実習制度の期間の延長、職種の拡大などの議論が進む中、外国人労働者が地域労働市場の需給ミスマッチにもたらす影響について、さらに本格的な研究を進めていくことが必要である。

【注】

1　2009年度に厚生労働省が実施した日系人帰国支援事業を、2万53人のブラジル国籍者が利用して出国した。同制度を利用した場合、当分の間、同様の在留資格による再入国を認めないという条件がついていたが、2013年9月、条件付きで解除された。
2　日本から新興国への外国人の流出に関しては、本書の第2章も参照のこと。

第6章
定住外国人の子どもの高校進学についての経済学的研究[1]

1. はじめに

　本章の目的は、日本に在留する外国にルーツをもつ子どもが増加する中、彼らが日本における就学・就業を通じた社会上昇を遂げる世代効果[2]が生じるような社会環境が整えられているのかについて、主に外国にルーツをもつ子どもの人的資本形成の視点から理論的および実証的研究を行うことである。

　歴史的に多くの移民を受け入れてきた米国[3]では、移民の子どもたちの世代（第2世代）が、親の世代（第1世代）よりも社会的上昇を遂げる世代効果（Generation Effect）や、受け入れ社会への適応に関する研究が進められてきた（例えば、Borjas, 2014; Portes & Rumbaut, 2001=2014）。

　それに対して、これまでの日本の外国人受け入れは、高度人材や技能実習生などの新規受け入れ拡大の議論が中心であり、定住外国人の長期的な社会統合を視野に入れた受け入れ政策に関する研究が十分に行われてきたとは言い難い。日本における在留外国人の子どもの教育については、決して楽観視できる状況ではなく、井口（2015a）は、自治体や市民のサポートによって、外国人の子どもの高校進学率は上昇してきたものの[4]、日本人と比較した高校進学率は依然として低い水準に留まっていると指摘している。はたして、現在の日本社会は、増加する定住外国人の若者たちが社会上昇を夢見ることができる環境を、十分に整えられているといえるであろうか。それが、本章の問題意識の核心である。

表6-1. 2015年学歴別の給与額一覧（企業規模計）

（単位：千円）

	きまって支給する現金給与額	所定内給与額	年間賞与その他特別給与額
中学卒	273.2	244.2	405.5
高校卒	294.9	263.2	665.2
高専・短大卒	300.4	276.1	763.6
大学・大学院卒	403.6	374.6	1285.9

出所：『平成27年賃金構造基本統計調査』（厚生労働省, 2016）をもとに筆者作成

　そして、外国にルーツをもつ子どもの受け入れ社会への統合を進めるうえで、非常に重要な役割を担っているのが教育である（OECD, 2015）。教育の機会が限られてしまうことが原因となって、知識や社会的なネットワークなど、中長期的に日本で働き、生活していくうえで必要不可欠な要素に、深刻な格差が生じてしまう恐れがある。実際に、賃金構造基本統計調査（2016）によれば、学歴による賃金格差は依然として大きく（表6-1参照）、外国にルーツをもつ子どもにとって、教育機会が限られていることは、将来の選択肢を狭めることにつながってしまう可能性がある。

　このような問題意識のもと、本章では、外国人集住都市会議が2014年に行った調査データを用いて、外国にルーツをもつ子どもの高校進学の規定要因に関する分析を行い、彼ら・彼女らの日本社会における成功を視野に入れた社会統合政策の在り方について必要な提言を行うことを目的とする。

2. 外国にルーツをもつ子どもの教育問題の背景

(1) 外国人受け入れの拡大

　日本社会における外国人の受け入れは1990年の出入国管理及び難民認定法（以下、「入管法」という）改正を重要な契機として大幅な増加を迎えることとなった。1990年に107万人だった在留外国人[5]は右肩上がりで、2008年には

221万人にまで増加した。定住希望者の増加に対応するかたちで内閣府は2009年に定住外国人支援推進室を設置した。世界経済危機の影響もあり、在留外国人の人数は2008年以降減少傾向となったものの、近年は再び増加に転じ、2015年末には過去最多の223万人に達した（図6-1参照）。

また、定住外国人の増加に伴い、日本語指導が必要な外国人児童・生徒（以下、JSL児童生徒[6]）の人数も増加している。文部科学省によれば、2014年度のJSL児童生徒数は2万9198人とこれまでの調査の中では最多の人数となっている。2008年度の2万8575人まで増加傾向だった人数は、2010年度、2012年度では減少していたが、2014年度で再び増加傾向に転じ、2008年度を上回る状況となった（図6-2参照）。

（2）在留外国人の多様化

また、在留外国人の永住志向の高まりに加え、近年の重要な変化として、日本国内における在留外国人の構成が大きく変化している。1990年の入管法改正以降は南米出身の日系人が非常に多かったが、2015年末では3番目に人数が多いのがフィリピン（22万9595人、構成比10.7％）、5番目に人数が多いのがベトナム（14万6956人、構成比6.6％）、6番目に人数が多いのがネパール（5万4775人、構成比2.5％）となっている。

日本国内の在留外国人の国籍については中国国籍者、韓国国籍者、ブラジル国籍者が多数を占める状況が長年にわたって続いていた。しかし、世界経済危機以降にブラジル人が急速に減少する一方、フィリピン国籍者の人数が着実に増加し、2012年にはフィリピン国籍者の人数がブラジル国籍者の人数を上回る状況となった（法務省「在留外国人統計」2015）。

同様に、JSL児童の母国語別の人数も、ポルトガル語は2008年度の1万1386人をピークとして減少傾向であるのに対し、中国語、フィリピノ語は増加傾向となっている[7]。2014年度の母国語別の内訳では、ポルトガル語が8340人、中国語が6410人、フィリピノ語が5153人となっている（図6-4参照）。

第6章 定住外国人の子どもの高校進学についての経済学的研究

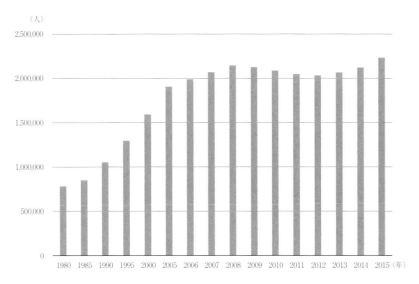

図6-1. 在留外国人数の推移
出所：法務省「在留外国人統計」をもとに筆者作成

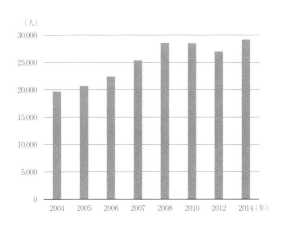

図6-2. 日本語指導が必要な外国人児童生徒の総数
出所：文部科学省「日本語指導が必要な外国人児童生徒の受入れ状況等に関する調査」をもとに筆者作成

第Ⅲ部　国内労働市場における外国人労働者の役割と社会統合の課題

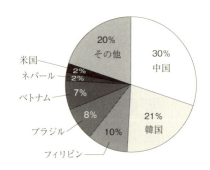

図6-3．在留外国人登録者の出身国
出所：法務省「在留外国人統計」（2015）をもとに筆者作成

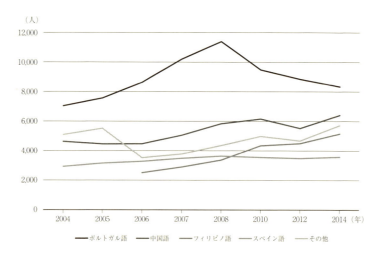

図6-4．日本語指導が必要な外国人児童生徒の母国語別在籍状況
出所：文部科学省「日本語指導が必要な外国人児童生徒の受入れ状況等に関する調査（平成26年度）」をもとに筆者作成

図6-5. 各市町村に在籍する JSL 児童生徒の人数
出所：文部科学省「日本語指導が必要な外国人児童生徒の受入れ状況等に関する調査」をもとに筆者作成

(3) 受け入れ地域の多様化

また、2014年度に JSL 児童生徒が居住する市町村は820（全市町村[8]の47.7%）と全国市町村の約半分に及んでおり、特定の自治体だけが取り組めばよい問題ではないことが分かる。

実際に、外国人集住都市会議会員都市[9]のような、外国人児童生徒が30人以上在籍する市町村が174（21.2%）存在する一方で、学校に在籍するJSL児童生徒が10人未満の市町村が515（62.8%）と過半数を占めている（図6-5参照）。外国人児童生徒が多数在籍している地域では支援体制の構築も進みやすいと考えられるが、外国人児童生徒が少数である地域においても、日本語学習支援などのノウハウをどのように蓄積するかが重要な課題となっている[10]。井口（2011）は、外国にルーツをもつ子どもに義務教育が適用されないことによって自治体単位の取り組みが制限されており、自治体ごとの取り組みにも格差が大きいため、居住地域によって外国人労働者とその家族が受けられるサービスに大きな格差が存在すると指摘している。

3. 先行研究

　外国人の子どもの教育問題については、国内外で数多くの研究が行われてきた。中室ら（2016）は、21世紀出生児横断調査のデータを用いた定住外国人の子どもの学習時間の規定要因に関する実証分析を行い、「子どもの教育に対する投資行動」（学校外教育の利用や子育てへの支出など）が、外国人の小学生の学習時間に有意な影響を与えていることを明らかにしている。

　是川（2012）は国勢調査の個票データを用いた分析を行い、子どもの教育達成が親の教育達成によって規定される可能性について指摘している。宮島（2002）は、親の日本語能力不足が主な原因となって、親の就学経験を十分に子どもに伝えることができない状況について指摘している。

　またPortes & Rumbaut（2001=2014）は、移民とその子どもたちの社会適応において、移民が米国社会に編入される際に、国籍によって編入様式が異なる点を指摘し、受け入れ社会から積極的な社会統合サポートを受けられた移民グループと、受けられなかった移民グループでは、同様の人的資本を有していたとしても、米国社会において成功する確率が異なることについて言及している。つまり、移民第1世代から第2世代にかけての社会上昇を果たすうえでは、親の人的資本などの要因だけではなく、新たな社会へ編入される際の受け入れ形態によって、移民の家族の社会階層に重要な影響が及ぼされるということである。

　Borjas（1992）は、移民第2世代が第1世代よりも社会経経済的な状況が上昇する背景として、第1世代の人的資本だけでなく、所属する民族集団が有する特有の民族資本（Ethnic Capital）や、移民が集住している地域から得られる外部性の影響について指摘している[11]。Borjas（1992）はまた、外国にルーツをもつ子どもの人的資本形成において、親の人的資本だけでなく、所属するエスニック・グループからも重要な影響を受ける可能性について理論的及び実証的研究を行っている。Bodvarsson & Van den Berg（2013）は、外国人労働者

と彼らの家族が社会階層の下層部に留まるリスクが高い原因として、海外への移住に伴う社会関係資本の減少について言及している。

日本においても、外国人集住都市会議会員都市26都市で2012年に実施された調査によれば、「生活に必要な情報をどのように得ているか？」という質問に対し、「同国人の友人」が50.0％と最も多い回答となっている。また、「生活に困った時に、信頼する相談相手がいますか？」という質問に対しても、「近くに住む親族・同国人」が46.1％と最も多くなっているなど、同国人のコミュニティから受ける影響が大きいと考えられる（外国人集住都市会議三重・滋賀・岡山ブロック, 2012）。小島（2016）も、外国にルーツをもつ子どもの不就学に関する調査を行い、「情報不足」が不就学の要因の一つであるとして指摘している[12]。

また近年のフィリピン国籍者の増加の背景として、佐伯（2014）は、1980年代後半から「興行」の在留資格で来日したフィリピン人女性が日本で日本人男性と結婚し、家族形成をして日本に定住したことを挙げている。

4．分析の枠組みと仮説

本節では、外国にルーツをもつ子どもの、日本における社会的成功のうえで重要な役割を果たすと考えられる進学問題の既定要因について理論的考察を行う。子どもの教育達成に寄与する要因分析については、前節の先行研究でも言及したように、これまでに数多くの研究が行われてきた。本章においても、これらの先行研究で用いられてきたモデルを援用しつつ、日本社会の特性もふまえて、外国人の第2世代の日本社会における成功を果たす要因について考察を行う。

また、在留外国人の定住化、永住化については、総務省（2006）が外国人の定住化に伴う多文化共生推進の重要性を強調する一方で、梶田ら（2005）はブラジル人の多くが、「日本での在住をあくまでもデカセギと考えている」と指摘している。小島（2006）も、ブラジルから来日直後の段階では数年以内の帰

国を予定している者が大半であり、結果的に滞在が長期化していても、日本での生活が「仮住まい」である場合が多いことについて言及している。宮島 (2002) も、外国人の子どもの学習の動機づけにおいて、海外から日本への移動だけでなく、日本国内における移動[13]による生活条件の不安定さが、子どもの教育に悪影響を及ぼす可能性について警鐘を鳴らしている。

外国人の第2世代が日本社会において成功を果たすうえでは、次節において外国人集住都市会議が実施した調査データを用いた実証分析を行う。

$Yi = SESi\,α + Familyi\,β + Languagei\,γ + Incorporationi\,δ + ε i$

Y：外国人の子どもの高校進学
SES：家族の社会経済的地位（「持ち家の所有」を代理変数として使用）[14]
$Family$：家族形態における欠損・非欠損[15]
$Language$：子どもの日本語能力と母国語能力の関係
$Incorporation$：日本社会への編入様式（「親の国籍」を代理変数として使用）
$ε$：誤差項

5. 実証分析

(1) 使用データについて

本節では、前節のモデルを応用し、外国にルーツをもつ子どもの人的資本形成の規定要因に関する検証を行うため、彼ら・彼女らの高校進学を被説明変数として用いた規定要因分析を行う。本分析では、外国人集住都市会議会員都市である26都市において、2014年6月30日～2014年7月25日に実施した調査データを用いる。調査対象は日本に3カ月以上滞在している外国人であり、各自治体の窓口を訪問した外国人に対し、無記名の自己記入式アンケートを任意で実施した。各自治体が回収する枚数は均等になるように設計されており、

サンプルの合計数は1058人となっている。

(2) 記述統計
①親の国籍
親の国籍についてはブラジル国籍が45.8％と最も高い割合となっており、ペルーが15.6％、次いで中国が11.3％、フィリピンが8.8％、日本が3.7％、その他が14.8％という構成となっている（図6-6参照）。

②親の最終学歴
親の学歴[16]については、大学または大学院卒が25.1％、専門学校卒業が16.9％、高校程度卒業が36.2％、中学校程度卒業が10.0％、小学校程度卒業が5.9％、その他が5.9％となっている（図6-7参照）。

出身国別のクロス集計では、大学卒業または大学院卒業の割合は中国が28.2％、フィリピンが28.1％で最も高く、次いで日本26.0％、ペルー19.1％となっている。なお、その他は41.6％と突出して大卒・大学院卒の割合が高くなっている（表6-2参照）。

③家庭での会話における日本語の使用頻度
家庭における日本語の使用頻度については、「日本語は使わない」と回答した者が27.5％、「少しだけ日本語を使う」と回答した者が29.4％であった。そ

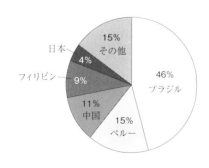

図6-6．親の国籍

第Ⅲ部　国内労働市場における外国人労働者の役割と社会統合の課題

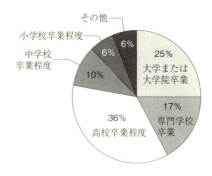

図6－7．親の最終学歴

表6－2．出身国別の学歴比較

(単位：%)

	大卒・大学院卒	専門学校卒業	高校卒業程度	中学校卒業程度	小学校卒業	その他
ブラジル	20.5	14.1	40.9	12.9	7.5	4.1
ペルー	19.1	24.2	39.6	5.9	7.0	4.2
中国	28.2	19.3	28.2	11.5	2.6	10.1
フィリピン	28.1	14.3	24.2	7.2	7.4	18.9
日本	26.0	20.7	40.3	9.6	2.3	1.1
その他	41.6	16.7	30.5	6.0	3.1	2.2

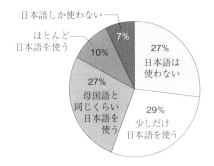

図6-8. 家庭における日本語の使用頻度

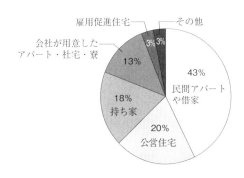

図6-9. 現在の住まい

れに対し、「母国語と同じくらい日本語を使う」は26.8％、「ほとんど日本語を使う」は9.5％、「日本語しか使わない」は6.8％となっている（図6-8参照）。

④**現在の住まい**

現在の住まいについては、民間アパートや借家が42.8％と最も多く、公営住宅が20.0％と2番目に多かった。3番目に多いのは持ち家の18.0％であり、会社が用意したアパート・社宅・寮が4番目に多い13.6％であった（図6-9参照）。

⑤**結婚と同居の有無**

結婚と同居の有無に関しては、「結婚していない」が70.7％と最も多く、次いで「結婚しているが配偶者と一緒に住んでいない」が15.2％、「結婚していないが、パートナーと一緒に住んでいる」が9.7％、「結婚していて配偶者と同居」は2.7％と非常に少ない割合となっている。なお、離婚、死別については人数が少なかったためか、内訳は不明であるが、未記入者等も含めて1.7％であった（図6-10参照）。

⑥**今後の滞在予定**

今後の日本における滞在予定に関しては、「永住したい」を選択した者が34.4％と最も多く、「分からない」を選択した者が30.1％と2番目に多かった。帰化を希望する者は9.0％、3～5年くらいを選択した者は11.4％、10年くらいを選択した者は6.4％であった（図6-11参照）。

⑦**子どもの言語能力（第1子）**

外国にルーツをもつ子どもの言語能力については、日本語しか話せない（母国語は話せない）が20.0％、母国語より日本語の方が得意が36.2％、日本語も母国語も同じくらい得意が27.0％、母国語しか話せないが5.2％、日本語も母国語も同じくらい不得意が3.2％となっている（図6-12参照）。

⑧**外国にルーツをもつ子どもの高校進学**

今回の調査において、15歳以上の外国にルーツをもつ子どもの学歴に関するデータでは、大学・短大に在学または中退が7.5％、専門学校に在学または卒業が5.9％であり、最も多かったのは高校在学の59.9％であった。高校卒業

第6章　定住外国人の子どもの高校進学についての経済学的研究

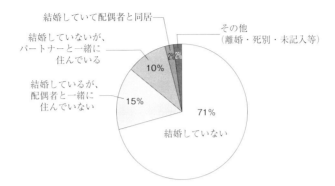

図6-10．結婚と同居の有無

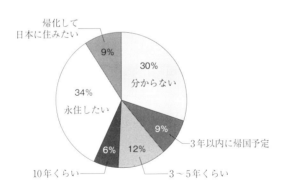

図6-11．今後の日本滞在予定

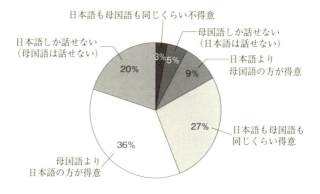

図6-12. 外国にルーツをもつ子ども（第1子）の日本語能力

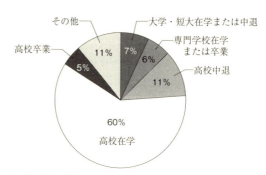

図6-13. 15歳以上の外国にルーツをもつ子ども（第1子）の学歴

表6-3. 外国にルーツをもつ子どもたちの高校進学の決定要因分析に関する計量分析推定結果

被説明変数：外国にルーツをもつ子ども（15歳以上）が高校に進学（在学中または卒業）	係数	ワルド	有意確率	オッズ比
家族が持ち家に居住	1.093***	404.390	0.000	2.983
非欠損家族	0.880***	178.308	0.000	2.411
言語能力（母国語能力と比較した日本語能力の高さ）	0.568***	811.282	0.000	1.765
親が中国国籍	0.27**	6.385	0.012	1.310
親がフィリピン国籍	-1.38***	255.562	0.000	0.251
親が日本国籍	0.780***	30.262	0.000	2.225
親が南米その他の国籍	-1.034***	388.006	0.000	0.355
定数	-2.006***	571.919	0.000	0.134
選択されたケース	104			
(-2)　尤度	14185.811			
ネーゲルケルク2乗	0.302			
コークスシェル2乗	0.219			

注：*** は1％水準で有意、** は5％水準で有意

は11.3％、高校中退は4.6％、その他が10.8％であった（図6-13参照）。

(3) 実証分析

　本章の実証分析では、15歳以上の外国にルーツをもつ子どもの高校進学を被説明変数として用いる[17]。計量方程式、説明変数と仮説は以下の通りである。推計は二項ロジスティクス回帰分析による。

　第1の仮説として、家族の居住形態が「持ち家」の子ども[18]は、家族の居住形態が「持ち家」ではない子どもに比べ、高校に進学する確率が高いと考えられる。

　第2の仮説として、非欠損家族のように家庭環境が安定している家庭の子どもは、欠損家族（離婚、死別、別居のいずれか）の家庭の子どもに比べて、高校に進学する確率が高いと考えられる。

　第3の仮説として、外国にルーツをもつ子どもの言語能力については、母国

語能力よりも、日本語能力を得意としている場合に、高校に進学する確率が上昇すると考えられる。

また、親の国籍に関する仮説として、親がブラジル国籍の子どもと比較した場合、親が日本国籍の子どもたちは、高校に進学する確率が高いと考えられる。一方、今回の調査を行った外国人集住都市会議会員都市ではブラジル国籍者の割合が高く、本章の分析で用いるデータサンプルに占めるブラジル国籍者の割合は45.8％と高い。ブラジル国籍者への自治体・NPOなどのサポートも進んでいることから、親の国籍がブラジルの子どもと比較した場合、親の国籍が中国、フィリピン、南米その他の子どもたちが高校に進学する確率は低いと考えられる。

（計量方程式）
Y：Ln (p/1-p)（ロジット変換）

ここで、pは15歳以上の外国にルーツをもつ子どもが高校に進学する確率を意味する。

X_1：家族が持ち家に居住（家族の社会経済的地位の代理変数）
X_2：非欠損家族（離婚、死別、別居のいずれでもない）
X_3：言語能力（母国語能力と比較した日本語能力の高さ）
X_4：親が中国国籍
X_5：親が日本国籍
X_6：南米その他国籍

第1の仮説通り、家族が持ち家に生活している外国にルーツをもつ子どもは、家族が持ち家に居住していない外国にルーツをもつ子どもに比べ、高校に進学する確率が2.983倍という結果を示した。

また、第2の仮説通り、非欠損家族の外国にルーツをもつ子どもは、欠損家

族の外国人家庭の子どもに比べて、高校に進学する確率は2.411倍という結果を示した。

さらに、第3の仮説通り、子どもの言語能力について、母国語よりも日本語能力が高くなるほど、彼らが高校に進学する確率が高くなるという結果を示した。

親の国籍については、仮説通り、親の国籍が日本である子どもは、高校に進学する確率が、親がブラジル国籍の子どもたちに比べて2.225倍であった。また、仮説に反し、5％水準ではあるが、親の国籍が中国の子どもが、高校に進学する確率は、親がブラジル国籍の子どもに比べて1.31倍であった。

一方、親の国籍がフィリピンの子どもは、高校に進学する確率が、親がブラジル国籍のグループに比べて0.251倍であった。また、親の国籍が南米その他の子どもについては、高校進学について、親がブラジル国籍のグループに比べて0.355倍であった。

6. 結　論

本章では、外国にルーツをもつ子どもの高校進学の規定要因に関する理論的及び実証的な分析を行った。その結果、日本における家族の社会経済的地位、家庭環境、外国にルーツをもつ子どもの言語能力、そして親の国籍が、外国にルーツをもつ子どもの高校進学に有意な影響を与えていることが明らかになった。

持ち家の所有を代理変数として用いた家族の社会経済的地位や、非欠損家族のような家庭の安定が、外国にルーツをもつ子どもの高校進学に有意な影響を与えていることからも、外国人家庭が日本社会において長期的に安定した生活を送れるような支援を行うことが重要であると考えられる。具体的には、教育を含めた日本における長期的計画などについて母国語で相談できる環境整備は重要であろう。特に、来日早期の段階から、家庭訪問や母国語での子育て相談を通じた情報提供や相談などが可能になれば、日本人の子どもたちとの情報格

差も緩和されるのではないだろうか。

　また、本章の実証分析では、親の国籍がフィリピンや南米その他の子どもたちは、親の国籍がブラジルの子どもたちと比べて、高校に進学する確率が低いという結果を示した。それに対し、親の国籍が日本国籍や中国国籍の子どもは、親の国籍がブラジルの子どもたちと比べて、高校に進学する確率が高いという対照的な結果となっている。これらの結果は、ポルテスとルンバウト（Portes & Rumbaut, 2001＝2014）の指摘した受け入れ社会への編入様式の重要性と整合的な結果であるといえる。

　近年、日本に在留するフィリピン国籍者は増加が顕著であり、ブラジル国籍者の人数を上回り、日本における在留外国人の中で、中国、韓国に次ぐ3番目に多い人口規模となっている。さらに、佐伯（2014）が指摘するように、フィリピン国籍者は特定の自治体に集住する傾向の強い南米系日系人とは異なり、日本国内の広範な地域に在住しているため、外国にルーツをもつ子どもの受け入れ経験が豊富な自治体だけが対応すればよい問題ではなくなっている。

　井口（2011）が指摘するように、外国人に対する支援体制の整備は、自治体によって大きな差が存在する。居住する自治体によって外国にルーツをもつ子どもたちの間に日本社会から受けられるサポートに格差が生じているのが実情であり、日本社会全体として、外国にルーツをもつ子どものための社会政策の立案を検討すべきである。例えば、彼ら・彼女らの教育における、広域自治体連携によるサポート体制の構築など、地域社会への受け入れを円滑にするための方策について、早急に検討が行われなければならない。

　また、志甫（2016）は日本への留学生の卒業後の滞在率に関し、日本における就職の容易さではなく、本質的な意味で留学生たちを日本社会に引き留めることができるような対応が日本社会に求められていると指摘している。より多様な人々が日本に定住し、彼らの子どもたちが日本社会において社会上昇を遂げることによって、日本で夢を実現したいと願う多様な人材が世界から集うよう、外国にルーツをもつ子どもの教育と世代効果について、さらなる研究を進めていかなければならない。前述の通り、外国にルーツをもつ子どもたちが地

域に生活していることは、もはや外国人集住都市会議の加盟自治体などの特定自治体に限った問題ではない。定住外国人が増加し始めている他の自治体において、外国にルーツをもつ子どもの教育に関する教育課題が深刻化することがないよう、調査を早期に計画・実施する必要がある。

なお、本分析に用いた調査データの留意事項であるが、残念ながら所得に関する情報は含まれていない。また、持ち家の所有については、親の所得や長期的な日本における永住志向など複数の要素を含んでいる点について留意が必要である。また、本章で使用したデータは南米系日系人の割合が高い外国人集住都市会議会員都市において収集されているため、そうした地域における教育課題を明らかにする一方で、異なる住民構成となっている地域においては状況が異なっている可能性がある[19]。外国人はチャイナタウン、コリアンタウンをはじめとして同じエスニック・グループの割合が高い地域に集住する傾向があり、異なる地域特性を有していることが多く、そうした各地域の文化的・歴史的背景についても考慮しながら分析を進めていく必要がある。

【注】

1 本章は、佐伯（2016）を基礎としている。
2 労働経済学における「世代効果」は、「不況期に学校を卒業した世代が、そうでない世代に比べて労働市場で不利な状況に陥ってしまう現象」（太田, 2010）のようなかたちで用いられることが多い。しかし、本章においては、移民が、第1世代、第2世代、第3世代と世代を積み重ねる中で、前世代と比べて社会階層が上昇することを「世代効果」と定義して、議論を進める。
3 2014年の統計（American Community Survey）によれば米国の移民人口は4240万人であり、全人口の13.3%を占める。
4 1990年以降の定住外国人の増加に伴い、外国にルーツをもつ子どもの不就学が重要な社会問題となり、多くの研究や自治体・NGOが解決に向けた取り組みを行ってきた。
5 中長期在留者および特別永住者の合計人数であり、「3月」以下の在留期間が決定された者、「短期滞在」の在留資格が決定された者、「外交」または「公用」の在留資格が決定された者などは含まない。
6 JSLとは、Japanese as a Second Languageの略で、「第2言語としての日本語」を指す。

JSL児童生徒とは、文部科学省が1991年より行っている「日本語指導が必要な外国人児童生徒の受入状況等に関する調査」の中で「日本語で日常会話が十分にできない児童生徒及び日常会話ができても、学年相当の学習言語が不足し、学習活動への参加に支障が生じており、日本語指導が必要な児童生徒を指す」と定義されている。

7 ベトナム語は2010年度以降のものしか確認できないが、2010年度1151人、2012年度1104人、2014年度1215人と増加傾向となっている。
8 総務省によれば2014年4月時点の市町村数合計は1718（790市、745町、183村）となっている。
9 伊勢崎市、太田市、大泉町、上田市、飯田市、美濃加茂市、浜松市、富士市、磐田市、掛川市、袋井市、湖西市、菊川市、豊橋市、豊田市、小牧市、津市、四日市市、鈴鹿市、亀山市、伊賀市、長浜市、甲賀市、総社市、東京都新宿区（オブザーバー）、東京都大田区（オブザーバー）の26都市が会員都市（2015年4月1日現在）。
10 小内ら（2001）による日系ブラジル人を中心とするニューカマーを扱った研究によれば、群馬県大泉町では、すべての小中学校に日本語学級が設置され、日本語指導助手1人と外国人子女教育加配教員1～2人が配置されるなどの支援体制の整備が行われていた。
11 民族集団が集住している場合、行政やNPO側も母国語でのサポートが実施しやすい。例えば日系ブラジル人が多く集住している地域では、ポルトガル語によるサポートの実施はスペイン語やベトナム語に比べて多い。
12 情報不足以外に、①学習困難、②経済的理由、③家庭内の問題も不就学の要因であると指摘している。
13 在留外国人のうち、身分に基づく在留資格で日本に滞在しているものは、より良い職場環境などを求めて、日本国内を自由に移動することが可能である。そのため、海外から日本への移動だけでなく、日本国内における移動に伴う転校などにより、目に見えない不利となっている可能性がある。
14 本分析で用いるデータには、本調査では、所得に関する項目が入っていないが、持ち家の所有に関する説明変数を分析に含めることで、家庭の社会経済的地位が子どもの高校進学に及ぼす影響についての検証を行う。
15 本章においては、離婚、死別、別居が無い家族を「非欠損家族」と定義する。
16 調査票に回答した親の学歴であり、配偶者の学歴については把握できていない。しかし、Trostelら（2002）が教育の経済的リターンを測定する際に配偶者の教育レベルを操作変数として用いたように、夫婦の教育レベルには一定以上の相関関係があると考えられる。
17 高校に在学中の者、高校卒業の者、専門学校、大学・短大へ進学した者を高校進学者と定義し、世代効果の規定要因を検証するため、本分析では、高校中退者は高校進学者には

含めない。
18　住宅購入をするだけの資金を有している、または金融機関から融資を受けられるだけの経済的基盤がある家庭であると考えられる。
19　1990年の入管法改正以降、南米系日系人（特にブラジル国籍者）の来日が急増したことから、外国人集住都市会議加盟都市は、ポルトガル語などの多言語による支援体制の構築に歴史的に取り組んできた。

第Ⅳ部
制度・政策提言

第7章
国際的な人の移動の潜在力
― 多文化共創社会への視座 ―

1. 本研究のファインディング

　本研究では、第Ⅰ部（第1章）において、経済統合が地域労働市場に与える影響に関する理論的分析を行った。従来の研究では、外国人労働者の地域労働市場への流入が地域の国内労働者の雇用に与える負の影響を指摘するものが少なくないが、その実証的根拠は十分とは言い難かった。そこで、本書では、労働移動と資本移動の関係と、国内労働者と外国人労働者の補完性と代替性を考慮し、経済統合のもとで国際的な人の移動が、地域労働市場に与える影響について理論的考察を行った。

　第Ⅱ部（第2章）では、新興国経済の世界経済における台頭を背景として、日本とアジア新興国の間の人材の流出と流入について、理論的及び実証的分析を行った。

　具体的には、今世紀における新興国経済の世界経済への影響力拡大を背景として過去15年程の間、日本にとっては人材の純流入から純流出へと転換しており、このメカニズムを理論的及び実証的に解明した。特に、2000年代以降の外国高度人材の日本からの純流出を、日本で学ぶ留学生の卒業後の在留資格変更による日本での就労が補うかたちとなっていることを明らかにした。このことをふまえ、優秀な留学生が日本で学び、卒業後に日本で就労し、定着するようになるために、高等教育と労働市場の一層の連携強化などの必要性が明らかとなった。

第3章では、ASEANの地域経済統合の進展として、現地に進出している日系企業の人材現地化について、理論的及び実証的な考察を行った。

具体的には、ASEAN地域の経済統合の進展を背景として、日系企業がASEAN諸国の経済・社会に受け入れられ持続的な発展を実現していく視点から、長年の懸案とされてきた日系企業の人材現地化について新たな方策を提言することを目的とした。そこで、現地に進出した日系企業における人材移動の現地化のプロセスとこれに影響を及ぼす要因を理論的に検討したうえで、日本からの派遣人材の現地従業員に対する比率の決定要因に関する実証分析を行った。その結果、現地での大卒人材の増加が、人材現地化に寄与していることなどが明らかになった。

また、ASEAN地域における大卒人材の需給がミスマッチを起こす要因を、長期雇用モデルと短期雇用モデルにおける勤続年数別賃金プロファイルの相違から説明し、ASEANの大卒人材の雇用への選好に関するマイクロデータをもとに計量分析を行った。その結果、ASEANの大卒人材の中に、全体の3割程度ではあるが、同一企業で雇用を維持しながら、就労場所を移動することを希望する者が存在することなどが明らかになった。ASEAN諸国に立地する日系企業においては、ASEAN諸国出身の人材に対し、当該現地法人の所在する国に限定せず、ASEAN域内を移動して形成されるキャリアパスを提示することにより、これら人材の離職を減らし、長期的視野からの人材開発を実現し、日系企業における人材現地化を進めていく可能性を見出した。

第Ⅲ部においては、国内労働市場における外国人労働者の役割と社会統合の課題について、考察した。まず、第4章においては、国際経済と地域労働市場の関係について考察を行う視点から、地域労働市場の需給ミスマッチとアグロメレーションに関する分析を行った。その結果、地域の労働市場にとって、資本や人材の集積が地域の生産性に寄与していることに加え、移動性の高い日系ブラジル人の地域労働市場への流入が賃金の上昇に寄与しているという結果を示した。この結果は、外国人労働者が日本人労働者と補完的なかたちで地域労働市場に流入していることを示唆している。

そして、第 5 章では、世界経済危機からの回復期においてブラジル人を中心とする日系人労働者の減少が続く中で、新日系人（日本人の父母または祖父母をもつフィリピン人とその配偶者）労働者と技能実習生の増加傾向が続いていることに着目し、地域労働市場の需給ミスマッチに関する理論的検討を行ったうえで、技能実習生、日系人労働者、新日系人の相互関係に関する実証的分析を行った。その結果、地域労働市場の需給ミスマッチ解消に外国人労働者が寄与しており、特に新日系人がミドルスキル需給ミスマッチを解消する役割を担うかたちで流入しているという可能性があることについて確認することができた。

さらに、第 6 章では、日本の外国人受け入れ政策が新規受け入れ拡大の議論に偏重しており、日本国内にすでに在留登録を行っている約 200 万人の在留外国人のうち、永住者の割合が高まっていることをふまえた長期的な視野での外国人受け入れ構想が描かれていないことを問題意識に、在留外国人子弟の世代効果について日米比較のアプローチを用いて理論的に明らかにしたうえで、第 2 世代の高校進学の規定要因に関する実証的な分析を行った。その結果、持ち家の所有を代理変数として用いた家族の社会経済的地位や、非欠損家族のような家庭の安定が、外国人の子どもの高校進学に有意な影響を与えていることが明らかとなった。教育を含めた日本における長期的計画などについて母国語で相談できる環境整備は必要不可欠であり、特に、来日早期の段階から、家庭訪問や母国語での子育て相談を通じた情報提供や相談などが可能となれば、日本人の子どもたちとの情報格差も緩和されるのではないだろうか。

2．本研究のファインディングをふまえた提言

本研究のファインディングをふまえ、国際的な人の移動の潜在力を活かし、多文化共創社会の実現に向けた施策として以下の 5 つを提案したい。

第 1 に、日本社会として国際的な人の移動を受け入れるうえで、科学的根拠に基づいた包括的なビジョンを策定する必要がある。2019 年 4 月からの外国

人労働者の受け入れ拡大に備えて入国管理局が「庁」に昇格する見通しとなるなど、日本の外国人政策は大きな転換点を迎えている。日本国内に滞在する外国人についての統計資料を公開し、科学的根拠に基づいた包括的な政策議論が進むような体制の整備は急務である。

そして出入国管理政策において社会として必要な国際的な人の移動をコントロールするだけではなく、外国人の権利と義務関係を明確に、社会統合政策と一体となって、地域社会への統合を促す行政を進めていく必要がある。権利と義務を一体とした地域社会への統合とは、具体的には外国人労働者と家族が中長期的に日本社会で活躍するために必要な日本語学習や職業訓練などの機会を提供する一方で、健康保険の加入[1]や納税などの地域の構成員としての義務づけである。これまで日本語教育などの外国人へのサポートは地方自治体やNPO、ボランティアへ過度に依存する現状が見られる。

これに対して、例えば、ドイツ、フランス、オランダなど、EU諸国の多くは、言語教育を社会統合に必要不可欠な要素として捉えており、言語能力の習得を公的サポートの受給条件にするなど、受け入れ国の言語能力の習得のインセンティブを高めるための仕組みを、国全体として検討する必要がある。日本には、永住権取得の際にも日本語能力に関する条件は存在しないが、最低限度の日本語能力を永住権取得条件にすることは、外国人の日本語学習のインセンティブとなる。最低限度の日本語能力の測定や、職種ごとに細分化された日本語能力測定の仕組みと学習法について開発するための継続的な取り組みが必要である。

また税・社会保険の負担は生活者として当然の義務と考えられているが、外国人がこの義務を理解せず未納となっている事例も多い。これらをふまえ、日本の税・社会保険制度の枠組みが理解され、未加入や未納を減らすためのサポート体制を強化し、社会の仕組みによって未納状態の解消を図る必要がある。

第2に、家族滞在で来日している外国人など、多様な背景をもった人々に対し、需給ミスマッチが生じている職種に必要なスキルの習得機会を提供し、個

人と社会の双方に恩恵がもたらされるような有効な社会投資を行うべきである。

国際的な人の移動のうち、労働目的の移動は全体の3割程度であり、概ね7割程度が家族滞在などの就労目的以外であることをふまえれば、短期的な海外からの人材獲得だけにより労働需給ミスマッチを解消することは容易ではない。例えば、三重県では外国人が母国語で職業訓練の受講が可能であり、ポルトガル語などの多言語による職業訓練が実施されている。溶接工や金属加工など労働需給ミスマッチが生じているミドルスキル職種において多言語での職業訓練を実施することで、地域労働市場の需給ミスマッチを緩和するかたちで社会統合を促進するという取り組みは他の自治体にも広く共有されるべきである。

第3に、外国人を含む地域住民の多様なニーズに応えることの自治体職員の専門性の涵養が必要である。外国人のみならず、シングルペアレントなど、住民のニーズは多様化しており、雇用、住宅、教育、医療などの必要不可欠な公的支援に関して、適切なカウンセリングとプログラム提供を行える専門家の育成が必要である。そのためには、従来のように数年ごとにジョブローテーションで部署を異動するのではなく、専門職としての採用・育成を行う人事制度改革が必要不可欠である。

さらに、外国人などにとって身近なロールモデルになれるような、多様な背景をもった人材の登用も検討されるべきである。これまで地方自治体の正規職員採用は総合職としての採用が中心であり、特定専門職としての採用が行われていないために、異なる背景をもった人材の登用は限定的なものとなっていた。そこで、正規職員としての特定専門職採用など、多様な能力と背景を有する人材の登用を進め、外国人やシングルペアレントなどへの、より効果的なサポート体制を整えることが必要である。吉富（2006）は多文化共生社会の実現に向けた「外国人自助組織」に着目し、社会に届きにくい少数者の声を「外国人自助組織」の活動を通じて地域社会に届け、その中で、地域の外国人住民と日本人住民の意識を変えていくことの重要性について言及している。「外国人

自助組織」の活動がより持続可能なかたちで活性化されるようにするために
も、地域においてリーダーシップを発揮できる核となる人材が必要であり、地
方自治体による多様な背景をもった人材の登用を是非とも進めていただきた
い。

　そして第4に、外国人の第2世代、第3世代が母国とのつながりを活かし、
日本社会でそのポテンシャルを発揮するための環境整備が必要である。第6章
でも言及したように、現在の日本社会では多様な言語能力や背景をもった人材
が評価されるような環境とは言い難い。例えば、現在の高校入試、大学入試に
おいては日本語と英語以外の語学能力が評価される機会は非常に限られてお
り、外国出身の児童・学生にとって出身国の言語を学ぶインセンティブが発生
しにくい状況となっている。近年は「グローバル人材」という言葉が非常に多
く使われているが、実際には、すでに日本で生活をしている世界各国とつなが
りを有した多様な人材のポテンシャルを十分に活用できていないのである。

　外国人の第2世代、第3世代が出身国と日本のつながりを活かし、新しいビ
ジネスを創出することを支援するなど、日本に在住する多様な背景をもった人
材のポテンシャルを十分に活用できる社会を目指すべきである。そして彼らが
日本で成功を収めることによって、日本社会における存在感を増して行くこと
ができれば、中長期的に日本への移住を検討する外国人も増えてくるであろ
う。

　第5に、「地域の共有財としての人材育成」に東アジア地域として取り組む
べきである。すなわち、東アジア域内において、各国が外国人を含めて人材を
積極的に育成する仕組みを設けるとともに、これらの人材が域内移動を中長期
的に行いやすい条件を整備することによって、東アジア地域の共通の財産とし
ての人材育成を進めていくことが必要である。これによって、経済統合下の東
アジア域内におけるスキル・レベルや職種による労働需給ミスマッチの緩和が
進められ、域内全体の経済発展に大きく資することができる。欧州では20世
紀後半からエラスムス計画を通じて、域内の若者の留学を促進し、母国語と英
語に加えて欧州言語の学習を進めながら、欧州の若者の相互理解を進めてき

第Ⅳ部　制度・政策提言

た。

　アジアにおいても同様に、2011年度から文部科学省「大学の世界展開力強化事業」においてキャンパス・アジア中核拠点形成支援が進められてきた。こうした取り組みを拡大し、アジア域内における単位互換やカリキュラムの段階的共通化を通じて、アジアの若者が国を超えて学べる機会を増やし、アジア域内における異文化理解とビジネスネットワークの構築を促進すべきである。そして「アジア版ハローワーク」を、アジア域内を移動して学んだ若者たちの出口戦略として創設し、アジアにおける人材投資の恩恵を域内全体で共有するのである。技能実習生と留学生が来日する際、ブローカーに多額の費用を支払い、その借金によって困窮するという問題が続いてきた。日本での就労や留学に関心がある若者たちや、日本での技能実習経験・留学経験を経て、母国またはアジアで活躍したいという理想を抱いている人々は、日本とアジアの将来にとって非常に貴重な存在である。アジア地域の未来を担う彼らに、技能実習制度や留学の情報提供はもちろんのこと、需給ミスマッチが生じている職種への職業訓練などの機会を提供して、域内移動も促進し、ニューエコノミーをアジアから生み出していく構想を日本が中心となって進めるべきである。こうした国際的な人の移動の有する潜在力を活かした域内共創を通じてこそ、アジアの互恵的な、持続可能な開発が可能となる。

　平成に次ぐ、新たな元号が2019年4月1日に公表される。その同日、「出入国管理及び難民認定法及び法務省設置法の一部を改正する法律」が施行され、外国人と日本社会との関係も、文字通り新時代を迎えようとしている。本音と建前を使い分けることなく、日本政府はブローカー対策や日本語習得支援などの総合的外国人政策の立案に取り組む必要がある。そして、外国人を単なる労働力として見なすのではなく、外国人としての強みまで生かして働ける多文化共創の制度へと高めていかなければならない。そのためには、日本社会の各地で外国人住民と日々、向き合っている人々が力を合わせる必要があり、本書がその議論の一助となることを心から願っている。

【注】

1 国民健康保険料の過去の未納分を全額支払うまでは加入・履修できないなどの規定があることで、加入を希望しても金銭的に難しい人たちがいることもふまえ、累積金額の追納の猶予措置などもあわせて検討される必要がある。

謝　辞

　本書の作成にあたり、まず関西学院大学経済学研究科の指導教官である井口泰先生に心からの感謝を申し上げたい。井口先生には研究面での指導はもちろんのこと、外国にルーツをもつ人々の目線になって、プロフェッショナルとして政策提言に取り組む姿勢から日々、多くのことを教えていただいた。大学院修了後も井口研究室の卒業生たちで定期的に集い、日本の移民政策のあるべき姿について時間を忘れて議論することができることが、研究生活を続けていくうえでの何よりの支えとなっている。井口先生を中心として、2016年10月にアジアで初の開催となる国際会議 International Metroplois, Aichi, Nagoya の招致に成功し、世界中から集まった移民政策の研究者・実務家とともに議論を交わしたことは今でも忘れられない。

　また同じく関西学院大学在学中にご指導くださった伊藤正一先生（前関西学院大学副学長、関西外国語大学教授）、西村智先生（関西学院大学経済学部教授）、志甫啓先生（関西学院大学国際学部教授）、吉富志津代先生（現名古屋外国語大学教授）から受けた学恩にも心から感謝している。

　それから移民政策学会において学会発表や投稿論文に厳しくも温かいご指導をくださっている駒井洋先生、明石純一先生、池上重弘先生、川村千鶴子先生、上林千恵子先生、近藤敦先生、佐藤由利子先生、津田守先生、津田ヨランダ先生にも厚く感謝申し上げる。

　またコロンビア大学大学院の先輩であり、教育経済学の先端的研究を進められている中室牧子先生（慶應義塾大学総合政策学部教授）、山崎泉先生（学習院大学国際社会学部准教授）にも感謝の言葉を伝えたい。両先輩をはじめとする素晴らしい研究者の方々とともに、教育経済学について学んだ日々が私の原点となった。温かい研究指導をくださった Francisco Rivera Batiz 教授たちとの時間は一生涯の財産である。

謝　辞

　それから早稲田大学政治経済学部在学中から経済学を学ぶうえでの助言を常にくださっている外木暁幸先生（東洋大学経済学部准教授）に心からの感謝を伝えたい。経済学を学ぶ楽しさを教えてくださっただけでなく、多くの必読文献リストとともに「大学院では1日15時間学びなさい」と激励していただいたことが懐かしい。また、折にふれて励ましの言葉をくださっている白木三秀先生（早稲田大学政治経済学部教授）にも感謝申し上げたい。私は白木先生の研究室所属ではなかったが、同研究室に友人が多くいたご縁があり、今でも皆様の精力的な研究活動から多くの刺激をいただいている。早稲田大学で出会った皆様とこれからも切磋琢磨できるよう、精進を重ねていかなければと強く思っています。

　そして東京大学大学院医学系研究科特任助教として勤務した際の上司であった渋谷健司先生と我喜屋まり子先生にも、この場を借りて感謝申し上げたい。国際舞台で活躍する両先生の姿と、妥協することのない姿勢は私たち若手研究者の目標で常にあり続けた。2014年度の同講座でソーシャル・イノベーションについての研究・教育活動に取り組んだことが、現在の大阪大学における研究・教育活動の礎となっている。同講座に在籍した仲間たちと切磋琢磨しながら、これからも両先生たちとともに、社会に良い影響を与える人物に成長していきたいと心から願っている。

　またドラッカーをはじめとする経営学研究の泰斗であり、立命館アジア太平洋大学初代学長である坂本和一先生にもこの場を借りて感謝申し上げたい。「地域なくして大学なし」と喝破され、地域と大学の共創の重要性などについて、常に時代の先を読んで行動されてきた坂本先生とプロジェクトをご一緒させていただくことで、常に新しい視座をご教示いただいている。定年退職を迎えた後も常に多くの人に囲まれ、立命館アジア太平洋大学同窓会初代名誉会長など、多くの依頼を受けながら、多数の著書をご発表されている生き方を拝見し、人生100年時代には、定年退職をされた後でもいつも、その人の周りには人が絶えない坂本先生のような生き方が本当の豊かな人生であると憧れている。坂本先生のような生き方ができるよう、研鑽を積んでいきたいと願っている。

　それから大阪大学大学院国際公共政策研究科（OSIPP）在職中の上司である

星野俊也先生への感謝を伝えたい。星野先生はOSIPP教授から日本政府国連代表部大使に登用され、誰ひとり取り残されることのない世界の実現に向け、献身的に働かれている。星野先生とともにOSIPPで働けたことは私の人生にとって何ものにも代え難い財産であり、星野先生たちとともに構想した「利他」の精神に基づく文明と公共政策は、「自利」のみを主張する風潮が強まる現代において、ますます重要性を増していると信じている。OSIPP在職中に多くの励ましをくださった大久保邦彦教授（前OSIPP研究科長）、松野明久教授（現OSIPP研究科長）、小原美紀教授、藪中三十二特任教授（元外務省事務次官）、佐藤治子特任教授にも心からの感謝の言葉を伝えたい。

そして何より、大阪大学共創機構社学共創本部における研究教育活動においてご指導をいただいている永田靖副学長（社学共創本部長）、上田貴洋教授（社学共創副本部長）、米田信子教授（社学共創担当副理事）、寺田健太郎教授（社学共創担当副理事）をはじめとする大阪大学共創機構の皆様に感謝申し上げる。また、共創活動を通じて、大阪大学大学院経済学研究科の佐々木勝教授から数多くのご指導・ご助言をいただけている幸運にも心から感謝している。こうした大阪大学の素晴らしい先生方とともに仕事をさせていただける幸運に恵まれなければ、本書を発行することはできなかった。ここに皆様への感謝を表すとともに、編集と出版の細部にわたる調整を担当してくださった明石書店の遠藤隆郎さんと、小山光さんに記して感謝したい。なお、当然のことであるが、本書に含まれる誤りなどはすべて筆者の責任に帰すものである。

最後に、重い病を抱えて週3回の人工透析を続けながら、常に笑顔を絶やさない母、美都子への感謝と尊敬の思いを伝えたい。母の両腕に刻まれた、たくさんの手術跡を見るたびに、私が研究の行き詰まりで感じる辛さなど、何の苦労でもないと励まされてきた。母の人工透析が35年目を迎える日に、本書を発行できることは、ずっと痛みに耐え続けてきた母への、神様からの贈りもののような気がしています。

2019年3月19日

謝　辞

※本書の売上のうち、著者印税分全額を、外国にルーツをもつ子どもたちの学習支援活動のために寄付させていただきます。

主要参考文献

《日本語文献》

明石純一. (2010). 『入国管理政策「1990年体制」の成立と展開』ナカニシヤ出版.

赤松要. (1944). 『経済新秩序の形成原理』理想社.

イーシア, ウィルフレッド. (1992). 小田正雄, 太田博史訳『現代国際経済学―国際貿易―』多賀出版.

井口泰. (1997). 『国際的な人の移動と労働市場』日本労働研究機構.

井口泰. (2001). 『外国人労働者新時代』ちくま新書.

井口泰. (2011). 『世代間利害の経済学』八千代出版.

井口泰. (2013). 「国際的な人の移動をめぐるアジア戦略」. 財務省・財務総合政策研究所『フィナンシャル・レビュー』第116号, 88-114頁.

井口泰. (2014). 「東アジア経済統合下の人の移動の効果と政策課題」『経済学論究』第68巻第3号, 467-491頁.

井口泰. (2015a). 「外国人の定住化と教育―外国人と日本人の子どもが一緒に築く未来―」『未来ひょうご すべての子どもが輝くために―高校への外国人等の特別入学枠設置を求めて―』ブックウェイ. 10-14頁.

井口泰. (2015b). 「東アジア経済統合下の外国人労働者受入れ政策」『社会政策』第7巻第2号, 9-26頁.

池上重弘編. (2001). 『ブラジル人と国際化する地域社会―居住・教育・医療―』明石書店.

石田英夫. (1999). 『国際経営とホワイトカラー』中央経済社.

乾美紀. (2007). 「ラオス系難民子弟の義務教育後の進路に関する研究―『文化資本』からのアプローチ―」『大阪大学大学院人間科学研究科紀要』第33巻, 79-96頁.

内村幸司. (2011). 「海外における評価基準と評価制度のマネジメントへの展開」『日本労働研究雑誌』2011年12月号(617号), 56-64頁.

浦田秀次郎, 小川英治, 澤田康幸. (2013). 『はじめて学ぶ国際経済』有斐閣.

大阪大学大学院国際公共政策研究科稲盛財団寄附講座企画委員会編. (2018). 『グローバルな公共倫理とソーシャル・イノベーション』金子書房.

太田聰一. (2010). 『若年者就業の経済学』日本経済新聞出版社.

小内透, 酒井恵真編著. (2011). 『日系ブラジル人の定住化と地域社会―群馬県太田・大泉地区を事例として―』御茶の水書房.

外国人集住都市会議. (2004).「豊田宣言」.
外国人集住都市会議. (2012).「外国人集住都市会議 多文化共生社会をめざして―全ての人がつながりともに築く地域の未来―」.
梶田孝道, 丹野清人, 樋口直人. (2005).『顔の見えない定住化』名古屋大学出版会.
木村福成. (2000).『国際経済学入門』日本評論社.
クルーグマン, ポール. (2001). 高中公男訳『国際貿易の理論』文眞堂.
桑原靖夫編. (2001).『グローバル時代の外国人労働者』東洋経済新報社.
小泉洋一, 川村千鶴子編著. (2016).『多文化「共創」社会入門』慶應義塾大学出版会.
小井戸彰弘編. (2017).『移民受入の国際社会学―選別メカニズムの比較分析―』名古屋大学出版会.
小島明. (2006).『ニューカマーの子どもと外国文化―日系ブラジル人生徒の教育のエスノグラフィー―』勁草書房.
小島清. (1985).『日本の海外直接投資』文眞堂.
小島祥美. (2016).『外国人の就学と不就学』大阪大学出版会.
駒井洋. (2016).『移民社会学研究―実態分析と政策提言 1987-2016―』明石書店.
是川夕. (2012).「若年労働市場における教育過剰―学歴ミスマッチが賃金に与える影響 - 職業達成と世代間移動に焦点をあてて―」『ESRI Discussion Paper Series』第 283 巻, 1-30 頁.
佐伯康考. (2014).「地域労働市場の需給ミスマッチと外国人労働者の動向―日系人, 新日系人及び技能実習生をめぐって―」『関西学院経済学研究』第 45 号, 21-42 頁.
佐伯康考. (2015a).「日本から新興国への高度人材移動に関する経済学的研究」『産研論集』第 42 号, 83-95 頁.
佐伯康考. (2015b).「ASEAN 経済統合下における日系企業の人材現地化及び人材移動に関する経済学的考察」移民政策学会編『移民政策研究』第 7 号, 86-99 頁.
佐伯康考. (2016).「定住外国人の子どもの高校進学についての経済学的考察」『経済学論究』70 (2), 37-56 頁.
佐藤由利子. (2010).『日本の留学生政策の評価―人材養成、友好促進、経済効果の視点から―』東信堂.
志甫啓. (2009).「外国人留学生の日本における就職は促進できるのか―現状の課題とミスマッチの解消に向けた提言(グローバル人材の論点)―」『Works Review』第 4 号, 208-221 頁.
志甫啓. (2012).「外国人研修生・技能実習生の受入れが有する若年人口補充の役割及び景気感応性」『移民政策研究』第 4 号, 41-60 頁.
志甫啓. (2016).「国籍別にみた外国人留学生の滞在率とその規定要因」『国際学研究』第 5

号,75-83 頁.

志水宏吉,中島智子,鍛治致編.(2014).『日本の外国人学校―トランスナショナリティをめぐる教育政策の課題―』明石書店.

白木三秀.(1995).『日本企業の国際人的資源管理』日本労働研究機構.

白木三秀.(2014).『グローバル・マネジャーの育成と評価』早稲田大学出版部.

鈴木江理子.(2009).『日本で働く非正規滞在者―彼らは「好ましくない外国人労働者」なのか?―』明石書店.

総務省.(2006).『多文化共生の推進に関する研究会報告書―地域における多文化共生の推進に向けて―』.

高畑幸.(2009).「在日フィリピン人の介護人材育成―教育を担う人材派遣会社―」『現代社会学』第 10 巻,85-100 頁.

趙衛国.(2010).『中国系ニューカマー高校生の異文化適応―文化的アイデンティティ形成との関連から―』御茶の水書房.

陳天璽.(2011).『無国籍』新潮文庫.

永野仁.(1992).「操業年数と人材の現地化―アジア進出日系企業の数量分析―」.『政経論叢』第 60 巻第 5 号,587-612 頁.

中室牧子.(2015).『「学力」の経済学』ディスカヴァー・トゥエンティワン.

中室牧子,石田賢示,竹中歩,乾友彦.(2016).「定住外国人の子どもの学習時間についての実証分析」『経済分析』第 190 号,内閣府経済社会総合研究所,47-68 頁.

西村智.(2012).「非正規雇用者のワークライフバランスと生産性への影響―欠勤と早期退職を中心に―」『経済学論究』第 66 巻第 2 号,137-152 頁.

独立行政法人日本学生支援機構.(2017).「平成 29 年度外国人留学生在籍状況調査結果」.

萩原牧子.(2013).「彼らは本当に転職を繰り返すのか―アジアの転職実態,転職要因・効果の実証分析―」『Works Review』第 8 号,8-21 頁.

橋本由紀.(2009).「日本におけるブラジル人労働者の賃金と雇用の安定に関する考察―ポルトガル語求人データによる分析―」『日本労働研究雑誌』第 51 巻第 2 号,54-72 頁.

橋本由紀.(2010).「外国人研修生・技能実習生を活用する企業の生産性に関する検証」『RIETI Discussion Paper Series 10-J-018』,1-36 頁.

橋本由紀.(2011).「外国人研修生・技能実習生受入企業の賃金と生産性に関する一考察」『内閣府経済社会総合研究所 経済分析』第 185 号,67-91 頁.

樋口直人.(2011).「経済危機後の在日南米人人口の推移」『徳島大学社会科学研究』第 24 号,139-157 頁.

三浦秀之.(2013).「外国人高度人材の日本への移動をめぐる一考察」『杏林社会科学研究』第 29 巻 1 号,51-76 頁.

宮島喬．(1999)．『文化と不平等』有斐閣．

宮島喬．(2002)．「就学とその挫折における文化資本と動機づけの問題」．宮島喬・加納弘勝編『変容する日本社会と文化』東京大学出版会，119-144頁．

吉富志津代．(2006)．「新渡日外国人による自助組織の形成プロセス―兵庫県における事例から―」『多文化関係学』第3号，17-32頁．

渡戸一郎，井沢泰樹編．(2010)．『多民族化社会・日本―多文化共生の社会的リアリティを問い直す―』明石書店．

ASEAN Career Fair with Japan.「開催の経緯と目的」<http://asean-career.com/co/>（2014/09/26アクセス）

《外国語文献》

Arrow, K. (1962). Economic Welfare and the Allocation of Resources for Invention. *NBER Chapters*, 609-626.

ASEAN Economic Community. (2014). *Thinking Globally, Prospering Regionally*.

Balassa, B. (1961). *The Theory of Economic Integration*. Routledge.

Bloom, D. E., & Williamson, J. G. (1998). Demographic transitions and economic miracles in emerging Asia. *The World Bank Economic Review*, 12(3), 419-455.

Bodvarsson, O., & Berg, H. (2013). *The economics of immigration theofry and policy* (2nd ed.). New York, Springer.

Borjas, G. J. (1992). Ethnic Capital and Intergenerational Mobility, *The Quarterly Journal of Economics*, 107(1), 123-150.

Borjas, G. J. (2008). *Labor Economics* (6th ed.). New York, McGraw Hill, New York.

Borjas, G. J. (2014). *Immigration economics*. Harvard University Press.

Bratti, M., & Leombruni, R. (2009). Local human capital externalities and wages at the firm level: the case of Italian manufacturing.

Castles, S., Miller, M. J., & Ammendola, G. (2005). *The Age of Migration: International Population Movements in the Modern World*. New York: The Guilford Press. (＝2011, 関根政美，関根薫監訳『国際移民の時代』名古屋大学出版会)

Chacko, E. (2007). From brain drain to brain gain: reverse migration to Bangalore and Hyderabad, India's globalizing high tech cities. *GeoJournal*, 68(2-3), 131-140.

Chiswick, B. R. (1978). The effect of Americanization on the earnings of foreign-born men. *The journal of political economy*, 897-921.

Cohen, R. (2008). *Global diasporas: An introduction*. Routledge.

Coleman, J. S. (1968). Equality of educational opportunity, *Integrated Education*, 6(5), 19-28.

Connell, J., Zurn, P., Stilwell, B., Awases, M., & Braichet, J. M. (2007). Sub-Saharan Africa: Beyond the health worker migration crisis?. *Social Science & Medicine*, 64(9), 1876-1891.

Dixit, A. K., & Stiglitz, J. E. (1977). Monopolistic competition and optimum product diversity. *The American economic review*, 67(3), 297-308.

Gang, I. N., Rivera-Batiz, F. L., & Yun, M. S. (2013). Economic strain, education and attitudes towards foreigners in the European Union. *Review of International Economics*, 21(2), 177-190.

Glaeser, E. L. (2008). Cities, agglomeration, and spatial equilibrium. *OUP Catalogue*.

Glaeser, E. L. (2011). *Triumph of the city: How our greatest invention makes us richer, smarter, greener, healthier, and happier*. New York: Penguin.

Govindarajan, V., & Ramamurti, R. (2011). Reverse innovation, emerging markets, and global strategy. *Global Strategy Journal*, 1(3-4), 191-205.

Grubel, H. B., & Scott, A. D. (1966). The international flow of human capital. *The American Economic Review*, 268-274.

Heckscher, E. F. (1919). *The effect of foreign trade on the distribution of income*.

Holzer, H. J., & Lerman, R. I. (2009). *The future of middle-skill jobs* (Vol. 41). Brookings, Center on Children and Families.

International Organization for Migration. (2018). World Migration Report 2018.

Ito, S., & Iguchi, Y. (1994). Japanese direct investment and its impact on migration in the ASEAN 4. *Asian and Pacific Migration Journal*, 3(2-3), 265-294.

Jacobs, J. (1969). *The Economy of Cities*. Random House, New York.

Jöns, H. (2009). 'Brain circulation' and transnational knowledge networks: studying long-term effects of academic mobility to Germany, 1954–2000. *Global Networks*, 9(3), 315-338.

Kimura, F. (2006). International Production and Distribution Networks in East Asia: Eighteen Facts, Mechanics, and Policy.

Kopp, R. (1994). International human resource policies and practices in Japanese, European, and United States multinationals. *Human Resource Management*, 33(4), 581-599.

Kotkin, J. (1993). *Tribes: How race, religion, and identity determine success in the new global economy*. Random House Incorporated.

Krugman, P. (1980). Scale economies, product differentiation, and the pattern of trade. *The American Economic Review*, 70(5), 950-959.

Layard, R., & Nickell, S. (1986). Unemployment in britain. *Economica*, S121-S169.

Lazear, E. (1998). *Personnel economics for managers*. Wile.

Mincer, J. (1963). Market prices, opportunity costs, and income effects. *Measurement in economics*, 67-82.

Mundell, R. A. (1957). International trade and factor mobility. *the american economic review*, 321-335.

Ohlin, B. (1952). Interregional And International Trade. Vol. 39.

Organisation for Economic Development and Cooperation. (2015). *Immigrant Students at School: Easing the Journey towards Integration*. OECD Publishing, Paris.

Organisation for Economic Development and Cooperation. (2013). Education at a glance. http://www.oecd.org/edu/eag.htm

Portes, A., & Rumbaut, R. G. (2001). *Legacies: The story of the immigrant second generation*. University of California Press. (=2014, 村井忠政ほか訳『現代アメリカ移民第二世代の研究―移民排斥と同化主義に代わる「第三の道」―』明石書店)

Rivera-Batiz, F. L. (1986). International migration, remittances and economic welfare in the source country. *Journal of Economic Studies*, 13(3), 3-19.

Rivera-Batiz, F. (1987). Increasing Returns, monopolistic competition, and agglomeration economies in consumption and production. *Regional science and urban economies* (18). 125-133.

Romer, P. M. (1986). Increasing returns and long-run growth. *Journal of political economy*, 94(5), 1002-1037.

Rybczynski, T. M. (1955). Factor endowment and relative commodity prices. *Economica*, 22(88), 336-341.

Saxenian, A. (2005). From brain drain to brain circulation: Transnational communities and regional upgrading in India and China. *Studies in comparative international development*, 40(2), 35-61.

Stolper, W. F., & Samuelson, P. A. (1941). Protection and real wages. *The Review of Economic Studies*, 9(1), 58-73.

The World Bank: GDP (current US$) (World Bank national accounts data, and OECD National Accounts data files)

The World Bank: GDP growth (annual %) (World Bank national accounts data, and OECD National Accounts data files)

Trostel, P., Walker, I., & Woolley, P. (2002). Estimates of the economic return to schooling for 28 countries. *Labour Economics*, 9(1), 1-16.

United Nations Department of Economic and Social Affairs Population Division. (2017a). International migrant stock: The 2017 revision.

United Nations Department of Economic and Social Affairs Population Division. (2017b).

World Population Prospects The 2017 Revision.

United Nations Department of Economic and Social Affairs Division for Sustainable Development. (2015). Transforming our World: The 2030 Agenda for Sustainable Development.

Van den Berg, H., & Bodvarsson, Ö. B. (2009). *The Economics of Immigration: Theory and Policy*. Springer-Verlag Berlin Heidelberg.

White, R., & Tadesse, B. (2010). Cultural distance as a determinant of bilateral trade flows: do immigrants counter the effect of cultural differences?. *Applied Economics Letters*, 17(2), 147-152.

索　引

【あ行】

RCEP（Regional Comprehensive Economic Partnership：東アジア地域包括的経済連携）　13, 44
ASEAN 経済共同体（ASEAN Economic Community）　16, 17, 30, 31, 40, 44, 66, 67, 70, 86, 90
ASEAN 人材　79, 86, 87
域内移動　86, 163, 164
移民排斥　9
エスニック・グループ　140, 153
Erasmus Mundus　38
欧州経済共同体（European Economic Community: EEC）　30

【か行】

外国人集住都市会議　22, 135, 139, 141, 142, 150, 153, 155
外国送金　45, 46
外国にルーツをもつ子ども　134, 135, 139-142, 146, 148-153
家族移民　10, 17
GATT（関税及び貿易に関する一般協定）　30
雁行形態　31, 34
環太平洋パートナーシップ協定　⇒ TPP
環太平洋パートナーシップに関する包括的及び先進的な協定 ⇒ CPTPP

機会費用　80
帰還移民　10, 17
企業文化　82-85, 87
技術移転　32, 67, 74, 75
期待報酬　54-59
技能実習制度　98, 132, 133, 164
キャリアパス　82, 86, 87, 159
キャンパス・アジア　38, 68, 87, 164
クーデンホーフ・カレルギー　37
経済統合の恩恵　9
興行　118, 141
工程間分業　9, 13, 31, 33, 34, 67, 90, 98

【さ行】

サービスリンクコスト　31, 33, 98
最恵国待遇　30
在留資格変更　23, 25, 46, 47, 158
散住　22
CPTPP（Comprehensive and Progressive Agreement for Trans-Pacific Partnership：環太平洋パートナーシップに関する包括的及び先進的な協定）　16
資格外活動　22, 40
持続可能な開発目標（Sustainable Development Goals: SDGs）　8, 16
社会階層　13, 39, 113, 140, 141, 153
社会経済的地位　142, 150, 151, 154, 160
社会統合政策　10, 11, 13, 108, 135, 161
社会の分断　8

収穫一定　17, 27, 28, 32
収穫逓増　17, 28, 32
出入国管理　13, 161
出入国管理及び難民認定法（入管法）　12, 20, 92, 110, 114, 122, 135, 136, 155, 164
純流出　44, 46-50, 59-65, 158
少子高齢化　7, 13, 19, 92, 111
人口移動　13, 91, 92, 103
新興国経済　9, 10, 46, 54, 66, 98, 158
人材現地化　10, 13, 66, 68, 86, 159
人材ポートフォリオ　98, 112, 133
人材流出　45
新日系人　11, 13, 111, 113, 114, 129, 132, 160
人文知識・国際業務　44, 47-49, 56-58, 60-65
世代効果　11-13, 134, 152-154, 160

【た行】

ダイアスポラ　69
代替性　10, 11, 33, 45, 158
多国間通商交渉　30
多国籍企業　69
多文化共生　9, 39, 41, 141, 162
多文化共創　9, 160, 164
短期雇用　79, 81, 86, 159
地域経済統合　30, 31, 66, 67, 85, 87, 90, 159
長期雇用　79, 81, 86, 87, 159
賃金格差　55, 135
賃金関数　99, 100
通貨統合　30, 40
TPP（Trans-Pacific Partnership：環太平洋パートナーシップ協定）　13, 16, 31, 90

デカセギ　141
特定技能　7

【な行】

NAIRU（Non-Accelerating Inflation Rate of Unemployment）　99, 100
日系企業　10, 24, 38, 66-87, 126, 159
日系人帰国支援事業　108, 133
日本語指導が必要な外国人児童・生徒（JSL児童生徒）　136-139, 153, 154
日本人派遣者　72, 86, 87

【は行】

派遣者比率　72, 78
比較優位　26, 27, 30, 32, 70
東アジア地域包括的経済連携　⇒RCEP
非正規雇用　111, 112
人の移動の自由化　16
フィリップス曲線　99, 100, 107
不均衡モデル　11, 91, 99, 100, 107, 128
BREXIT　38
ヘクシャー＝オリーン・モデル　27, 28, 30, 32
ベバリッジカーブ　100
貿易創出効果　31
貿易転換効果　31
補完性　10, 11, 33, 35, 158

【ま〜ら行】

ミドルスキル　112, 114, 130, 132, 160, 162
民族資本（Ethnic Capital）　140
要素価格均等化定理　28
リーマンショック　52, 102, 110
リカード・モデル　26-28, 32

リバース・イノベーション　66, 70, 87
リバース・マイグレーション　46
留保賃金　33, 106
Layard & Nickell モデル　99-101, 127, 128
労働移動　9, 33, 40, 92, 158
労働需給ミスマッチ　9, 13, 33, 34, 90, 92, 99, 108, 110, 114, 127, 129, 130, 133, 162, 163
労働力流出　33, 90

著者略歴

佐伯 康考（さえき・やすたか）
東京大学大学院医学系研究科国際保健政策学教室特任助教などを経て、大阪大学共創機構社学共創本部特任助教。博士（経済学）。外国人労働者を中心とした国際的な人の移動について研究を行っている。共編著に『街に拓く大学―大阪大学の社学共創―』（大阪大学出版会, 2019）、『グローバルな公共倫理とソーシャル・イノベーション』（金子書房, 2018）がある。移民政策学会国際交流委員・社会連携委員。

国際的な人の移動の経済学

2019年3月19日　初版第1刷発行

著　者	佐　伯　康　考
発行者	大　江　道　雅
発行所	株式会社 明石書店

〒101-0021　東京都千代田区外神田 6-9-5
　　　　　　電　話　03（5818）1171
　　　　　　Ｆ Ａ Ｘ　03（5818）1174
　　　　　　振　替　00100-7-24505
　　　　　　http://www.akashi.co.jp

装　丁	明石書店デザイン室
印　刷	株式会社文化カラー印刷
製　本	本間製本株式会社

（定価はカバーに表示してあります）
ISBN978-4-7503-4811-7

JCOPY 〈(社)出版者著作権管理機構　委託出版物〉
本書の無断複写は著作権法上での例外を除き禁じられています。複写される場合は、そのつど事前に、(社)出版者著作権管理機構（電話 03-5244-5088、FAX 03-5244-5089、e-mail: info@jcopy.or.jp）の許諾を得てください。

移民政策のフロンティア
日本の歩みと課題を問い直す

移民政策学会設立10周年記念論集刊行委員会 編著
（井口泰、池上重弘、榎井縁、大曲由起子、児玉晃一、駒井洋、近藤敦、鈴木江理子、渡戸一郎）

■四六判／並製／296頁　◎2500円

外国人居住者数、外国人労働者数が共に過去最高を更新し続けているなかでも、日本には移民に対する包括的な政策理念が存在していない。第一線の研究者らが日本における移民政策の展開、外国人との共生について多面的、網羅的に問い直す。

●内容構成●
I 日本の移民政策はなぜ定着しないのか
　多文化共生政策の展開と課題／日本の社会と政治・行政におけるエスノ・ナショナリズム／人口政策と移民
II 出入国政策
　入国審査、退去強制、在留管理の政策／外国人受入れ政策――選別と排除／戦後日本の難民政策――受入れの多様化とその功罪
III 社会統合政策／多文化共生政策
　歴史と展望／言語・教育政策／差別禁止法制
IV 移民政策の確立に向けて
　諸外国の移民政策に学ぶ／日本社会を変える
V 学会設立10周年記念座談会

新 移民時代
外国人労働者と共に生きる社会へ

西日本新聞社 編

四六判／並製／254頁　◎1600円

100万人を超えた日本で働く外国人。「単純労働を実質的に担う技能実習生・留学生等の受入れ拡大が「移民政策をとらない」とする政府のもとで進められている。国内外の現場を取材し、建前と本音が交錯する制度のひずみを浮き彫りにした西日本新聞連載企画の書籍化。来たるべき社会を見据え、共生の道を探る現場からの報告。

●内容構成●
第1章　出稼ぎ留学生
第2章　留学ビジネスI　ネパールからの報告
第3章　留学ビジネスII　学校乱立の陰で
第4章　働けど実習生
第5章　変わる仕事場
第6章　交差する人々
第7章　ともに生きる
第8章　近未来を歩く
公開シンポジウム　フクオカ円卓会議

〈価格は本体価格です〉

外国人の子ども白書
――権利・貧困・教育・文化・国籍と共生の視点から

荒牧重人、榎井縁、江原裕美、小島祥美、志水宏吉、
南野奈津子、宮島喬、山野良一 編

■A5判／並製／320頁　◎2500円

現代日本における「外国につながる子ども」の現状と支援の課題が一冊でわかる画期的な白書。人権、福祉、教育、文化（言語）、家族、滞在条件などの観点から、外国人の子どもの現状を正確に把握、データおよび支援現場の報告からそのリアルな姿が見えてくる。

●内容構成●

外国人の子どもたちの現在――なぜ「外国人の子ども白書」なのか
第1章　外国人と外国につながる子どもたちのいま
第2章　子どもにとっての移動の経験
第3章　家族生活のなかの子ども
第4章　子どもの貧困と権利侵害
第5章　教育と学校
第6章　人権保障と子ども
第7章　子どもと国籍
第8章　子どもの在留資格
第9章　子ども支援の現場
第10章　幼児の国際移動と子どもの権利

世界の移民政策
OECD国際移民アウトルック（2016年版）

経済協力開発機構（OECD）編著　徳永優子 訳

■A4判変型／並製／464頁　◎6800円

OECD諸国内外における国際移民の傾向と政策動向をまとめた年次報告書。移民の流入や流出、外国人人口、難民動向、国籍取得などの各種統計を豊富に収録するとともに、移民が経済や社会に及ぼす影響やその政策対応について詳細に分析・評価する。

●内容構成●

第1章　最近の国際移民の動向と政策対応の変化
第2章　OECD加盟国における新来移民の就業状況と統合政策
第3章　移民が経済に及ぼす影響――地域レベルに注目する
第4章　環境的及び地政学的ショックに伴う国際移民――それに対するOECD加盟国の対応
第5章　国別の情報――最近の移民動向と移民政策の変化

〈価格は本体価格です〉

移民政策研究

移民政策の研究・提言に取り組む研究誌【年1回刊】

移民政策学会編

産業構造の変化と外国人労働者 労働現場の実態と歴史的視点
移民・ディアスポラ研究7
駒井洋監修 津崎克彦編著
◎2800円

新 多文化共生の学校づくり 横浜市の挑戦
山脇啓造、服部信雄編著
横浜市教育委員会、横浜市国際交流協会協力
◎2400円

グローバル資本主義と〈放逐〉の論理 不可視化されゆく人々と空間
サスキア・サッセン著 伊藤茂訳
◎3800円

現代ヨーロッパと移民問題の原点 1970/80年代、開かれたシティズンシップの生成と試練
宮島喬著
◎3200円

外国人の人権へのアプローチ
近藤敦編著
◎2400円

国際結婚と多文化共生 多文化家族の支援にむけて
佐竹眞明、金愛慶編著
◎3200円

自治体がひらく日本の移民政策 人口減少時代の多文化共生への挑戦
毛受敏浩編著
◎2400円

移民社会学研究 実態分析と政策提言1987-2016

駒井洋著
◎9200円

現代アメリカ移民第二世代の研究 移民排斥と同化主義に代わる「第三の道」
アレハンドロ・ポルテスほか著
村井忠政訳者代表
世界人権問題叢書86
◎8000円

ヨーロッパにおける移民第二世代の学校適応 スーパー・ダイバーシティへの教育人類学的アプローチ
山本須美子編著
◎3600円

日本の外国人学校 トランスナショナリティをめぐる教育政策の課題
志水宏吉、中島智子、鍛治致編著
◎4500円

移民の子どもと学校 統合を支える教育政策
OECD編著 布川あゆみ、木下江美、斎藤里美監訳
三浦綾希子、大西公恵、藤浪海訳
◎3000円

グローバル化と言語政策 サスティナブルな共生社会・言語教育の構築に向けて
宮崎里司、杉野俊子編著
◎3000円

グローバル化と言語能力 自己と他者、そして世界をどうみるか
OECD教育研究革新センター編著
徳永優子、稲田智子、来田誠一郎、定延由紀、西村美登里訳
本名信行監訳
◎6800円

移民政策の形成と言語教育 日本と台湾の事例から考える
許之威著
◎4000円

〈価格は本体価格です〉